有一种成长，
在"汇师"

上海市徐汇区汇师小学
教师专业发展实践新探

主　编：宓　莹

副主编：刘汝敏　余爱椿　郭红伟

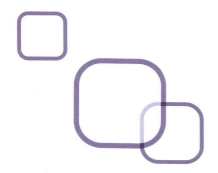

上海教育出版社
SHANGHAI EDUCATIONAL
PUBLISHING HOUSE

序一
让教师的成长"明明白白"

王懋功

　　八年前,汇师小学出版专著《有一种教学,叫"明白"——上海市徐汇区汇师小学"教学五环节"实践手册》,聚焦课堂教学五环节的实践探索成果。当时的章恒谦、汪耀鸿两位校长盛邀我写序。拜读专著以后,我体会颇深,写下了自己的心得《让教学"明明白白"》作为序。现在,汇师小学的又一本专著《有一种成长,在"汇师"——上海市徐汇区汇师小学教师专业发展实践新探》即将出版,宓莹校长再次热情相邀,请我写序。仔细读完飘着墨香的书稿,我依然感触良深,同样深感此书能够结集出版,实为可喜、可贺、可敬、可鉴。

　　可喜的是,汇师小学对教师专业成长的认知,从宏观到微观,既专业又实在。汇师小学一直以来都是上海市教师专业成长的示范校,有着一支让人羡慕的优秀教师团队。这个专业团队的"崛起"有什么诀窍? 汇师的经验就是,对教师专业发展有正确的认识和理解,学校始终将教师的专业发展放在首位,把它当作一项系统工程来抓,全校形成合力。归结起来,这是汇师三个层面的合力,即校长的宏观谋力、教研组的中观鼎力和教师的微观发力。

　　可贺的是,汇师小学对教师专业成长的路径,从设计到操作,既科学又多元。汇师小学教师专业成长的成功率一直很高,很多人认为这是因为学校选的人好。当然,一所学校办好了,是会有好教师愿意去,相对而言好的教师是会多一些。但除了这个原因,还有什么绝招呢? 汇师的经验就是找到了教师专业发展的科学方法，发动每位教师制订"教师个人发展三年规划"，并认认真真地实施，归结起来，就是汇师"路径"，即从需求出发的顶层设计、重在落实的规划实施和多元途径的定向培养。

可敬的是，汇师小学对教师专业成长的执着，从过去到现在，既坚守又创新。汇师小学的领导一贯重视教师队伍建设，从两位前任校长提出的"真心赏识教师"，到现任校长提出的校长使命——"做教师专业发展的规划师"，都是明证。他们对教师专业成长的执着坚守，从我到教育局工作开始接触以来，至少保持了二十年，这是汇师教师的幸福，更是学校发展的秘籍。汇师的经验就是遇到了一以贯之抓教师专业成长的历任校长，归结起来就是汇师"法宝"，即从赏识教师的理念出发，逐步提升校长坚守理念的素养，最终上升到要担负起成为教师成长规划师的历史使命的高度。

可鉴的是，汇师小学对教师专业成长的探索，从实践到理念，既理性又有效。汇师小学对教师专业成长的重视有想法更有实践，他们是思想者，更是践行者。难能可贵的是，汇师小学对教师专业成长的探索永无止境，没有最好，只有更好！今天展现在读者面前的，是学校方方面面的教师提供的"样本"，汇师的经验就是探索出了成系列的教师专业成长的成功案例，总结出了规律，归结起来就是汇师"说法"，从履行职责的"三态"到教学的"望闻问切"，从做受欢迎的魅力教师到"登高望远，为知而行"的学术型教师，学校已经形成一支见习教师茁壮成长，职初期教师崭露头角，青年教师冲劲十足，中老年教师活力依旧的专业团队，他们扎根在汇师这片肥沃的土地上，健康成长。

汇师小学在教师专业成长方面的经验还有很多，但给我印象最深的还是学校组织的"教师个人发展三年规划"的制订和实施。宓莹校长说她要做教师专业发展的规划师，而且要身体力行、扎扎实实地去做，这种身先士卒、率先垂范的意识和做法是值得各级各类学校的校长们学习的，学校这方面的做法也是值得兄弟学校借鉴的。

汇师小学"教师个人发展三年规划"的制订始于 2011 年。他们在充分调查研究、摸清"家底"的基础上,从学校层面开始顶层设计,自上而下、有的放矢地予以推进,取得了骄人的成效。归纳起来,有以下三种做法值得特别称赞和推荐。

一是立意高。教师制订规划要明确历史方位,立足当今目标,融入学校整体,从而明白"我是谁""客观需求是什么""自己要什么"等问题,较好地解决了规划的时代性和针对性问题。

二是方法新。教师制订规划要有"设计图"与"施工方案",独创了语义编码来辨识众多教师的关注点,由此从横向梳理了教师专业发展的"五个阶段",纵向聚焦了体现学校教师专业发展的"六大维度",这些独创性的举措犹如一份实用的指南,便于教师快速找到自己现在的坐标和发展的方向,较好地解决了规划的操作性和有效性问题。

三是机制好。教师制订规划不仅是教师个人发展的需要,同样也是学校整体发展的需要。为此,教师专业发展要建立在学校整体设计和团队共同作用的基础上。学校为教师专业发展的运行铺设基轨,团队为教师专业发展的实现注入动力,保证每个教师在专业发展的轨道上顺畅前行,较好地解决了规划的引领性与整合性问题。

教师队伍建设是教育发展的永恒主题。2018 年伊始,中共中央、国务院印发《关于全面深化新时代教师队伍建设改革的意见》,开启了新时代教师素养提升的新征程。在此关键时刻,汇师小学这本书的问世,无疑是一份十分及时的"贺礼"!

八年前,我给汇师小学的专著《有一种教学,叫"明白"——上海市徐汇区汇师小学"教学五环节"实践手册》写的序的标题是"让教学'明明白白'";现在,我给汇师小学这本专著写序,想了很久,悟出了汇师小学长盛不衰的道理。这个道理其实很简单,就是做任何事都要明明白白,这大概就是汇师小学的基因。所以,我将这本书"序"的标题定为"让教师的成长'明明白白'"。

由此想到,汇师小学已经有了"教学明白说""教师成长明白说",衷心期待汇师小学还会有"育人明白说""管理明白说""教育明白说"……,为徐汇区,为上海市,为中国,乃至为全世界提供办好人民满意的教育的成功案例。

(作者:原徐汇区教育局局长)

序二
为教师专业发展的"汇师模式"点赞
——一位记录者的"感悟"与"领悟"
苏　军

时间,真是飞逝,穿驹而过。八年前,我曾经作为"见证人",为《有一种教学,叫"明白"——上海市徐汇区汇师小学"教学五环节"实践手册》写过一篇"抒怀"与"感怀"的文章,着实录下了当时的"情景描述"和"教育感悟"。

如今,一晃,又是八年,面对她的姊妹篇《有一种成长,在"汇师"——上海市徐汇区汇师小学教师专业发展实践新探》,我应约交"作业",又要一吐为快,心中油然充满欣喜。

汇师小学,是有名声、有实力的名校,也是有故事、有温度的好校。其校名让人浮想翩翩,其与时俱进的真景真情,则让人不得不赞叹学校发展的殷实。汇师小学始终在科学办教育、规律兴学校上一路前行,斩获成果。

如果说"教学五环节"实践手册是对汇师小学在课堂教学上的"规范而又优质"的完美呈现,那么教师专业发展实践新探则是对汇师小学在师资建设上的"专业而又独到"的臻美再现,前者面对的也许是"客体",后者面对的则是"主体"。作这样的陈述,无非是想说明教师专业发展的难度或许要比课堂教学的难度来得更大。

此时此刻,我自然被汇师小学教师专业发展的新思路、新举措、新成效打动,忆起欣然动笔的那些情景,2010年6月11、12、13日,《文汇报》刊出了三个整版,行云流水般地介绍了汇师小学在教师专业发展上的"最新进行时"。这是继2008年12月24、25、26日和2009年4月24、25日《文汇报》刊

1

出"备课、上课、作业、辅导、评价"教学五环节专题版后的又一次"迸发"。

"教学五环节"、教师专业发展，这是汇师人面对"办人民满意的教育"和"家门口的好学校"等"特殊作业"而交出的令人满意的"答卷"，也是汇师人直面教育难题而给出的令人信服的"答案"。

在我看来，教师专业发展，关系教育的分量，关乎办学的质量，关联教师的能量。从宏观上看，这是世界性的课题，无论哪个国家，只要有教育的存在，教师专业发展总是绕不开的客观命题；从中观上看，这是所有办学必然会遇到的课题，因为教师是办学的主干；从微观上看，一个教师的教育生涯是与专业分不开的，教师的专业水平是其站上讲台的"门槛"，教师的专业发展又是其站住讲台的"支柱"。一所学校的水平，最终表现为教师队伍的整体水平，而并不取决于一两个教师。宓莹校长屡次强调，教师专业发展是自己工作的"第一要务"，具有牵一发而动全身的作用，其中的要义不难体察。

因此，汇师小学在找到开启"教学五环节"美妙之门的"钥匙"之后，倾注全力期望在教师专业发展上有所建树，显得尤为重要和有意义。其实，"教学五环节"与教师专业发展还真是"姊妹"呢，是一种你中有我、我中有你的依存关系。"教学五环节"要做得完美，必须由教师专业发展的完备性来支撑；教师专业发展的程度，也需体现在"教学五环节"的实施过程中。

从这个意义上说，汇师小学在追求优质教育和完美师资队伍上，是极富眼光，极富睿智，极富创意的。他们开创的教师专业发展"汇师模式"，不仅有开创的意义，更有推广的价值。

汇师小学的教师专业发展为什么值得写成一本书？因为它不是一般的结题报告，也不是教师的感悟文章汇编，而是汇师小学面对教师专业发展的世纪"作业"交出的几尽完美的"答案"。

我认为，汇师小学教师专业发展的实践新探至少有这样几个"关键词"，是富有汇师风范的，也是值得举荐的。

关键词一： 设计

教师专业发展,既有整体性的,如学校,也有群体性的,如教研组,更有个体性的,如教师。如何使这三个层面的发展处于一个稳定而又高效的状态,形成互为支撑的结构,这不是说一两句话、发几个通知就能解决的。

教师专业发展要在三个层面形成合力,既各得其所,又相互支撑,理论上虽好说,但做起来并不简单。

而汇师小学的解决办法,是通过顶层设计,将三者既置于一个横贯相通的"平面"上,又架构于一个纵向交叉的"立体"上。于是,有了教师专业发展的学校规划和制度安排,有了教研组的校本教研和同伴相助,有了教师的成长规划和发展路径,一个较为完整的教师专业发展实现方式就展现了出来。

显然,教师专业发展是一个系统工程,也是目标导向。从形成教师专业发展的大局出发,进行学校、教研组、个人这三股力量的整合,需要有一整套完整的设计。只有这样,教师专业发展才能"天堑变通途"。

关键词二： 规划

教师专业发展,是一个持续发力的过程,只有起点,没有终点。所有的努力和发展,只是让过程更为顺畅,成效更为显著。

面对过程性的发展,需要积小胜为大胜,聚积能量。规划,既是一种量的规定,也是质性的标杆。

而汇师小学的解决办法,就是让规划引领专业发展,让专业发展也变得可度量,可以触摸得到。学校的规划在于通盘考虑,设置整体目标、实施途径、节点把握,讲究行政推动;教研组的做法就是着眼组内实际,发挥群体力量,讲究抱团取暖;教师个人的规划立在目标,重在行动,志在恒心,讲究能量转换。总之,让规范不仅成为一个清晰的名词,也成为一个灵巧的动词,甚至是一个描述发展的形容词。

关键词三: 错位

教师专业发展,虽是一个共性要求,但每个教师的发展不会是一模一样的,每个教师的发展状态、形态和角度等,也都是不同的。

汇师小学非常明白此理,倡导错位发展,即每个教师的专业发展既可以不同于不同学科的教师,也可以不同于同学科的教师。比如语文教师,一个可以在阅读上"拂袖起舞",另一个可以在写作上"指点江山",还有一个可以在阅读与写作之间"左右逢源""另立山头",等等。显然,错位发展,实是一种正向发展。

说实在的,教师专业发展其实"水很深""地很大",有无数浪涛,也有众多险滩,有万顷良田,也有荒芜之地,只要有心,人人都可以弄出点气象来。

梯度成长,特长发展,错位发展,对学校师资队伍建设整体而言,是科学和辩证的,对教师个人来说,是符合实际需要的。

教师专业发展,讲究在共性基础上的普遍提升,也注重个性发展基础上的各有所长。从某种意义上说,专业发展是"共舞台",个性发展是"开小灶",两者相辅相成,错位发展则是两者之间的"纽带"。

关键词四: 幸福

教师专业发展,是一个历练过程,也是一个幸福时刻。教师的幸福,不仅在于付出后获得的成就感,还有积淀专业财富的幸福感。

我很欣赏汇师小学在教师专业发展中将"幸福"作为发展目标之一。汇师小学在教师专业发展的顶层设计中,试图构建教师专业发展的"精神支架",因此在"校本教师专业发展描述性框架"中,设计了"六大维度":"了解与服务学生""教育与管理能力""专业知识""教学能力""教科研能力""工作与生活的平衡智慧"。如果说前五个维度体现了教师应有的职业素养,是指向教育工作对象并为教育对象服务的,是一种基于职业要求而需要呈现的"职业界面",那么最后一个维度"工作与生活的平衡智慧"则体现了教师应具有的生活心态,是指向教师自身内心的,是一种基于价值追求显现的"精神世界"。

设立"工作与生活的平衡智慧"这一维度,是汇师小学"校本教师专业发展描述性框架"中的"浓墨重彩",更是学校坚持用人文精神引领教师专业发展的"神韵之笔",具有深意和韵味。

诚然,当教师对教育教学有一种幸福的心态,即使遇到困难,他们也会坦然处之,更何况春风得意的时光。

汇师小学这本书,与其说是教师专业发展的实录,倒不如说是教师专业发展的创新,其中阐述的道理、思路、途径、方法,显示了汇师小学整体的实力、群体的威力和个体的能力。

这是一本对教师专业发展的思路有所贡献的专业书,也是对教师专业发展的途径有所开拓的创新书,更是对教师专业发展的实践有所创新的工具书。它,不仅能充实教育类书架的品种,而且能拓宽教师专业发展学术的框架,既源于实践,又高于实践,更胜于实践,所以值得推荐。

教师专业发展如同"教学五环节"一样,都是对教育教学的"明白",愿明明白白的道理汇聚而来,示范而行,教育而兴。

（作者为《文汇报》主任记者）

目录

1

设计

合作

规划

成长

践行

教师专业发展，既是教育界面临的世界性的宏观问题，也是各校面对的普遍性的中观课题，更是教师面临的成长性的微观难题。

　　上海市徐汇区汇师小学将问题作为课题，将课题作为破题，将难题作为主题，进行了具有探索性、实效性和示范性的实践，取得了丰硕的成果，并提出了一系列主张，建构了具体的样式，提供了独特的启示。

一、关于角色的"传说"

——教师专业发展的"心知"

（一）教师

在现今社会上，不同人群对教师有不同的理解和想象。在非教师人群看来，教师是一种神圣而又崇高的职业，有"人类灵魂的工程师"的美誉，普遍受到学生、家长及社会各界的尊重和羡慕。

对教师群体来说，教师是拥有专业知识及其技能的特殊而又平凡的人，既然选择了教师职业，就要为献身教师事业做好各种准备，要像蜡烛那样，燃尽自身，照亮别人，把自己的青春化作甘露，浇灌学生的心田，把自己的理想化作园丁的智慧，塑造学生的心灵。

对于一般人群，对教师的理解可以显性化和感情化，但是对于从事教师职业的人来说，对教师的理解及定义就需要专业和精准了。

1. 一般意义上的教师含义

教师，通常是一类人的集合（传授知识、技能、技艺的人），也可以理解为一种职业，是以培养人为使命的专门教育工作者。

《中华人民共和国教师法》对"教师"进行了明确界定："教师是履行教育教学职责的专业人员，承担教书育人，培养社会主义事业建设者和接班人，提高民族素质的使命。教师应当忠诚于人民的教育事业。"由上述定义可以看出，它一是从职业、职责的角度规定了教师是专业领域的专业人员；二是从使命的高度规定了教

师应该承担的三个方面的崇高义务。这是迄今为止我国对教师作出的最权威、最全面、最完整的定义,涵盖我国所有类型/层次教育(如高等教育、基础教育、职业教育等)的教师。

2. 小学教师的含义

同为教师,对所有类型/层次教育的教师而言,其职业属性、使命应该是相同的,都是为完成特定任务、实现特定目的而提供服务的。但是,从高等教育到基础教育,跨度大,服务对象从年龄、所学课程或专业的难易程度到学习目标要求都存在很大差异,这就决定了不同类型/层次教育的教师在总的履行职责、承担使命方面相同之外,在自身教育类型/层次特征上也有差别,因此教师的含义还可以再细分。

如"小学教师",就有其特定含义,是指"对学生在学业上启发善诱,思想上开智引导,做人上无私教导,生活上关怀备至;对自己在工作上严格要求,行为上躬行垂范,业务上追求卓越,事业上崇尚奉献,待遇上坦然对待的履行小学阶段教育教学职责的专业人员"。

✳ 汇师说法 ✳

作为一所历史底蕴深厚的小学,当下在区域有着一定辐射力、影响力,承担着小学基础教育任务的学校,汇师小学的教师对教师职业有着深刻而独到的认识,细腻而真切的感悟,踏实而清醒的实践。

履行职责,牢记"三态"

语文教师 沈健琪

教师心语:言传身教,教师的好状态也会潜移默化地影响学生,教师每天精神饱满地走入课堂,可以带给学生正能量。

"古之学者必有师。师者,所以传道受业解惑也。"韩愈在《师说》中提到古代人学习时一定会有老师,也明确指出了老师的职责所在。

随着社会的发展,法律体系的完善,我国于1993年10月颁布了《中华人民共和国教师法》,对"教师"进行了明确界定:"教师是履行教育教学职责的专业人员,承担教书育人,培养社会主义事业建设者和接班人,提高民族素质的使命。教师应当忠诚于人民的教育事业。"教师职业道德规范也明确要求教师爱国守法、爱岗敬业、关爱学生、教书育人、为人师表、终身学习。不难发现,随着社会的进步与发展,教师仅仅传道授业解惑是远远不够的。

对于"小学教师",其特定的含义是指"对学生在学业上启发善诱,思想上开智引导,做人上无私教导,生活上关怀备至;对自己在工作上严格要求,行为上躬行垂范,业务上追求卓越,事业上崇尚奉献,待遇上坦然对待的履行小学阶段教育教学职责的专业人员"。除此之外,我个人认为教师还要牢记"三态",即"心态""状态""态度"。

首先是心态。遇到问题一定不能过于焦躁,更不能轻言放弃。我的祖父也是一位教师,他告诉我:"当老师,发不了财,是个良心活,是替人家养孩子,是积德的差事!"他的话很老土,但很实在、很受用,激励我决

定像他一样终身从教。也许在教育教学的生涯中,我们会遇到各种各样的家长或者学生,但都要不忘初心。我最喜欢的一句话是"不思八九,常想一二"。俗话说:"人生不如意事常八九,可语人者无二三。"当老师也是如此,可能在眼前的都是烦心事和糟心活,但是我相信肯定也有甘甜,也会有收获。当桃李满天下,花开遍地香的时候,肯定会有一番不同的欣慰和喜悦。

其次是状态。好的教师可以影响学生一生。所谓言传身教,教师的好状态也会潜移默化地影响学生,教师每天精神饱满地走入课堂,可以带给学生正能量。

最后是态度。态度,英文为"attitude"。按 26 个英文字母的排序,"attitude"这个词的字母序号加起来正好是 100,所以说态度很重要。教师是一种平凡而又神圣的职业。为师者要端正自己的态度,不仅把教书育人当作职业,还要把它当作事业来做;要秉承博爱的理念,以人为本的教学态度,把每一个孩子当作自己的孩子来教育,真正做到"一日为师,终身为父"。

"千教万教教人求真,千学万学学做真人。"伟大的教育家陶行知先生早已告诉我们"真"何其重要,"真"是教育的目的所在。教师更要知行合一,不断完善自己的学识和德行。以上是我进入汇师小学后,对教师这一职业的再认识。

在倾听中学做教师

语文教师　朱羿

莎士比亚曾说:"世界是一个大舞台,每个人都在

7

教师心语： 从事教育的一线教师必须根据环境适时自觉地进行角色转变，不断提高自己的专业化程度，只有如此才能适应时代的要求！

扮演角色。"教师的角色是由教师承担的社会职责、所处的社会环境决定的。它体现了社会对教师角色的素质要求和教师对自己所承担职责的不断认识。

从师大毕业后，我进入汇师小学，担任一年级的班主任工作。起初，我以为教师就是安安分分做个"牧羊人"，有一群学生或痴痴凝望着我，或笔下沙沙作响，仿佛是一群啃草的羊儿。我则可挥动着羊鞭，起承转合，轻轻松松地做一个"牧羊人"。然而，开学初就有个小家伙成了我的"心头大患"，这也让我的"牧羊人"之梦搁浅了。

事情是这样的。某节课上，小刘的尺子找不到了，他嘴里就不住地念叨"我的尺子不见了"。我宽慰他："没关系，明天记得带来就好。"身旁的小黄也向他伸出了援助之手，递上了他多出的那一把尺子。可谁曾想，小刘接过小黄的尺子后，用力一折，尺子断了。面对同学们的质疑声，他顺势将课桌推翻在地，地面一片狼藉……天哪，原来看似温柔的"小绵羊"也有不受控制的时候。

于是在"断尺事件"之后，我约了小刘的父母来校谈话。谈话中，我了解到小刘的家庭十分和睦，并不存在因家庭原因导致的冷漠创伤。小刘的爸爸说起这个儿子是一脸的恨铁不成钢，说及幼儿园时的种种表现，他紧锁眉头。综合他近期的表现，我委婉地建议他们带小刘去儿童医院做一次筛查，如果有问题，则能尽早干预。很快，结果出来了，小刘被确诊为轻度多动症，需要进行药物干预。就这样，一切似乎又恢复了平静，

我这个"牧羊人"也做得如鱼得水。直到学期末的一通电话，让我有了转变。电话那头是小刘的妈妈，她抽抽搭搭地说了许多，而给我留下最深印象的就是一个细节："乐乐很喜欢听故事，睡前我给他说小绵羊最终为救她的好伙伴而失去了生命时，他哭了好久好久。"挂了电话后，我久久不能平静，这个孩子被我视为洪水猛兽，可他真的是这样的吗？一个对动物这么有爱心的孩子，被轻易地定义为不友好，这样的做法没有问题吗？我开始反思自己。都说教师是"人类灵魂的工程师"，可我做的不是在哺育不同的灵魂，而是试图让灵魂变得相同。一名好教师需要具备崇高的师德，而师德的灵魂便是关爱学生，在这一点上我做得还远远不够。

在接下来的教育过程中，我努力做一个倾听者、观察者，我只要一发现小刘身上的闪光点，就迫不及待地和大家分享。我能感觉到我和小刘的关系变得亲近融洽起来。他偷偷告诉我："朱老师，我知道我小动作特别多，可是我有时候控制不住，但是我会努力的，你相信我。"在我们共同的努力下，小刘于两个月后正式摆脱了药物的治疗。

顾明远教授指出，社会职业有一条铁的规律，即只有专业化才有社会地位，才能受到社会的尊重。从事教育的一线教师必须根据环境适时自觉地进行角色转变，不断提高自己的专业化程度，只有如此才能适应时代的要求！

教师要走进孩子的心里

体育教师　黄佳蓉

教师心语：蹲下来和孩子交流，以孩子的视角看世界，感受孩子眼里的世界，拉近与孩子的物理距离，更拉近与孩子的心理距离，能够使教育更加有效，真正有益于学生。我想，这就是教师——"人类灵魂的工程师"该做的事。

当今社会，不同人群对教师职业有不同的理解和想象。在我还没有正式成为体育教师前，我觉得当体育教师是很开心的事，可以和学生一起活动，一起游戏，再教他们一些知识，很简单。而正式成为一名体育教师之后，我觉得教师不仅要拥有专业知识及技能，更重要的是要成为"人类灵魂的工程师"，体育教师也不例外。由于教育对象的年龄、生理和心理特点，小学教师对学生不仅要做到在学业上启发善诱，在生活上关怀备至，更要在思想上开智引导。工作一年多来，我体会到，走进孩子的心里是最重要的。

在任教低年级的时候，我遇到过一个男孩子，他经常不分场合地自言自语，和同学以及老师间的交流也不多。记得在一次体育课中，因为我分给他的绳子不是他喜欢的蓝色，他就将两手放到身后不愿伸手拿，并蹲下身子不看老师。开始我也不能理解他的行为，询问再三后，我才知道，他喜欢所有蓝色的事物。当我把蓝色绳子递到他手中时，他开始有了微笑。渐渐地，我了解到这个孩子有一些自闭的症状，不会和别人交流，也不会表达自己。于是我开始做他的倾听者，去倾听他，去了解他的行为，在课上尽量满足他的一些小愿望。后来，我发现我似乎慢慢"走近"他了，并逐渐走进他的心里。我尝试向他说明绳子颜色的差异不会导致跳绳个数的减少，只有跳得快个数才能增加的道理，并

10

让他尝试使用其他颜色的绳子。一开始我以为他会拒绝我的建议,结果他接受了我的建议,接受了其他颜色的绳子。在那一刻我明白了,他并不是一定要蓝色,他要的是老师的关注,他期待老师能够走近他,进而走进他的心里,能够理解他。

通过这件事,我深刻地体会到,蹲下来和孩子交流,以孩子的视角看世界,感受孩子眼里的世界,拉近与孩子的物理距离,更拉近与孩子的心理距离,能够使教育更加有效,真正有益于学生。我想,这就是教师——"人类灵魂的工程师"该做的事。

不忘初心,我的教师梦

数学教师　李文菁

今年是我工作的第三个年头。作为一名职初期的新教师,我很幸运地进入了汇师小学这样一个团结、上进、温暖的大家庭。

过去两年的工作让我重新认识了教师这一职业,也真正明白了"春蚕到死丝方尽,蜡炬成灰泪始干"这句千古名言的含义。在未成为教师之前,我以为小学教师这份职业是充满正能量、轻松快乐的职业:每天上两节课,批改两个班的作业,不仅不用像别的工作那样没日没夜地加班,还有寒暑假可以调整休息,最重要的是可以开展许多我心中规划已久的、能丰富同学们课余生活的活动。但两年下来,我发现,原来小学教师的工作远远不止一天上两节课、批改两个班的作业那么简单。作为一名任课教师,我们每天除了要上课、批改

教师心语: 爱是教育的最强音。爱是动力,是源泉,是教学的源头活水。只有关心、尊重、信任、理解、宽容、赏识、激励学生,教育的阳光才能照进学生的心灵,学生才能健康、快乐、活泼地成长。

11

作业外，还有很多其他工作要做：从课前的备课到课后的反思，从作业的批改到学生的个性化辅导，从组内教研到大组教研、区内教研……工作多到让人难以想象。好在无论工作多么繁忙，你总会发现自己不是一个人在战斗，我们新教师的背后站着一个助你成长的教师团队。我作为一个大学刚毕业的新教师，第一年就有师傅带教。能跟着师傅一步步学习，一步步成长，我倍感庆幸和踏实。

担任班主任工作是新教师锻炼的好机会，学校给了我这个锻炼的好机会。从担任班主任之日起，我也就正式成了班中 40 个学生的"妈妈"。从那一刻起，班级里学生的学习情况、学校生活情况、家庭情况都事无巨细地成为我要留意、关心的事情。这一年里我最喜人的成长还是学会了如何与家长沟通，得到家长的支持和认可。一次关于改变孩子书写习惯的经历，更加让我体会到了家校合作的重要性。有时为了班级学生的事情忙到深夜，我也有过迷茫，有时家长的不理解让我有点灰心。但两年多来，看到学生们的点滴成长，一点点的进步，又觉得这些都不算什么了。这或许就是作为一名教师的快乐，作为一名汇师小学的教师的幸福吧。

教育是心灵的艺术。教学的真谛是师生心灵的沟通。孩子是脆弱的，心灵更需要心的呵护，就像苏霍姆林斯基所说："我们要像对待荷叶上的露珠一样，小心翼翼地保护学生的心灵。"

爱是教育的最强音。爱是动力，是源泉，是教学的

源头活水。只有关心、尊重、信任、理解、宽容、赏识、激励学生,教育的阳光才能照进学生的心灵,学生才能健康、快乐、活泼地成长。作为一名小学教师,我希望自己能成为学生思想上的朋友,精神上的引路人。

教师,请用孩子的眼光去看问题

数学教师 陆妍琳

去年的九月,陆老师"诞生"了。我带着责任与信仰,踏出了我从教之路的第一步。像个刚出生的孩子一般,我边看边学,模仿着周围的老师,按部就班地完成我的教育教学工作。

什么是教师?一年前我可能会回答:是教书育人,培养人的专门教育工作者。通过在汇师小学的工作学习,现在的我可能会回答:教师是这样一群专业工作者——通过有效的手段和方法,完成教书育人的使命,能无微不至地关注到学生的身心发展,能够俯下身来,聆听孩子的声音,以孩子的所思所想,关注到细节,指导要具体、到位,让学生明白你在说什么,为什么要这么做。

我认为,首先要以孩子的眼光看问题,用孩子能听懂的话和他们交流。其次,要注重细节教育,把要他们做的事指导到位,细化到每一步,躬身垂范。见习期的时候,我也曾为培养学生们良好的行为规范发过愁。一年级的学生在学习准备期的时候,需要培养每天自己整理课桌的好习惯,要把每天需要用的书准备好,然后放进桌肚里摆放整齐。最后再把书包放进自己的书

教师心语: 我认为,首先要以孩子的眼光看问题,用孩子能听懂的话和他们交流。 其次,要注重细节教育,把要他们做的事指导到位,细化到每一步,躬身垂范。

13

包柜里。但是一个月过去了，许多学生的桌肚里还是乱七八糟，每次要上课了，他们才急急忙忙跑到后面的书包柜里去拿书。后来有一次在见习教师规范化培训中，一位资深班主任分享了自己的经验。对一年级学生来说，你如果只是告诉他要整理书包，整理桌肚，他是不明白该如何做的。你得手把手一步一步地教他怎么做。老师可以拿一个学生的书包做示范，把所有的书按照课表准备好，把课本从大到小依次摆放好，大的书放在下面，小的书放在上面，放在桌肚的左半边。作业和卷子按照科目分类，放进相应的文件袋里，放在桌肚的右半边。文具盒和吃饭需要用的餐垫，叠在文件袋的最上面，手帕不放在桌肚里，放进自己的右边口袋中。要求每天只能打开两次书包柜，第一次是早晨放书包的时候，第二次是下午整理书包的时候，其间不能再随便打开书包柜。

对低年级小朋友来说，培养自理能力是非常重要的。尤其是学会将物品有序地摆放，能有效地纠正他们丢三落四的坏习惯。同样的道理，打扫卫生、排队做操等，只要把要求的细节说到位，学生就能听得懂、做得到，学生通过观察、模仿很快就能领悟要领。这样对学生进行日常行为教育、管理和约束，使学生的观察力、生活技能都得到了大幅度提高。

作为一名教师，尤其是低年段的教师，凡事无巨细，躬身垂范，以身作则非常重要。每当因为不明白具体操作要求而受到老师批评的时候，学生们也会非常委屈。因此，我时常反省自己，当学生们达不到要求的时候,是不是因为老师的要求不够明确,语言表达得不够清楚。站在孩子的角度想想,许多问题也就迎刃而解了。

新的学年,陆老师继续学着像个孩子一般,用孩子的眼睛看,用孩子们的语言说,用孩子们的方式想,将从教之路走稳、走远。

(二) 教师专业

教师是社会分工下的一个职业门类,同时又是这个职业门类中的专业人员。通俗地说,教师是在自己所从事的教育岗位上担任某种学科教学任务的、具有专门知识与技能的专业人员。因此,专业性对教师胜任岗位要求、提升职业技能来说具有重要意义。

1. 一般意义上的教师专业含义

首先要了解专业的含义。专业,一是指高等学校、中等职业学校里的学业门类;二是指在人类社会科学技术进步、生活生产实践中,用来描述职业生涯某一阶段、某一人群,用以谋生,长时期从事的具体业务和作业规范。我们这里所说的"专业"是指后者。

教师在其职业生涯发展中,通过专门训练和终身学习,逐步形成教育教学理念与方法及其专业知识与技能,并在实践中不断提高自己的从教素质,使自己成为合格教师的专业发展过程,这是对教师专业的宽泛解释。一般认为教师专业主要是指专业知识与专业技

能,有这两者就可以应付教育教学工作了。殊不知,专业知识与专业技能须在科学的教育教学理念统领下、在先进的教育教学方法运用下才得以呈现、认同、适用、发展,否则,教师的专业知识与专业技能将会僵化落伍。所以说,教师专业还应包括教育教学理念及其方法。教师专业不应成为失去灵魂的专业知识和专业技能的技术技巧堆积物。在此基础上形成教师专业素养,对教师的专业教学成就和自身职业生涯发展有着至关重要的影响。

2. 小学教师专业的含义

不同类型/层次教育的教师应具备的教育教学理念及其方法、专业知识与专业技能是不一样的。小学生尚处在知识启蒙阶段,身体还在发育,智力水平和认知能力还在不断提高中,对社会、世界的看法正处于逐步形成的重要时期,小学教师应在清楚地了解学生的身心发育特点的基础上,不断进行专业方面的系统学习、训练与提高。

"小学教师专业"指的是:围绕学生成长和获得阶段性基础学科知识的目标,学习、探索当今先进的教育教学理念、方法并将之恰当地运用到教育教学实践中,不断钻研、更新专业知识和专业技能,不仅要有学科的专业知识和教学技能,而且要有小学生心理、生理方面的知识及其应用能力,在不断学习探索中成为深谙小学生教育教学方法,具有与时俱进的教育教学理念、通达的课堂教学语言表达能力、娴熟的专业知识与技能,

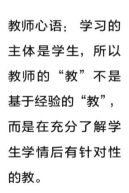

以及拥有对本学科专业发展、提高自己教学水平进行探索研究能力的教师。缺少了上述任何一个要素，都会给小学教师专业的形成、巩固、提升带来不利影响，会制约小学教师的专业发展。

＊ 汇师说法 ＊

教师专业是教师发展的生命，是教学质量的保证，是学校生存的基石。学科建设、课程改革、项目科研，都依赖教师专业的深度、高度与厚度。汇师小学在教师专业及其发展上进行了可喜的探索，有着自己独到的见解。

数学教学的"望闻问切"

数学教师　王霏

自古以来，中医用"望闻问切"四诊法为病人诊病。类似地，教师在教育教学中也可以用"望闻问切"四诊法，而课堂就是教师的"诊所"。我在实际教学中，就通过对学生的分析，有针对性地处理教材，灵活开展课堂教学，运用专业知识对学生进行"望闻问切"，因材施教。

一、"切"准学生学情，科学处理教材

学习的主体是学生，所以教师的"教"不是基于经验的"教"，而是在充分了解学生学情后有针对性的教。

如我在进行乘法竖式《一位数与两位数相乘》教学前，先对班级学生进行了前测。前测结果表明，近90%的学生能够用自己的方法初步理解算理，85%的学生

教师心语：学习的主体是学生，所以教师的"教"不是基于经验的"教"，而是在充分了解学生学情后有针对性的教。

17

在教师教学前已经会用竖式解题，只是一些学生似懂非懂，在解题过程中有错误。分析后我不禁思考：如果按照经验按部就班地开展教学，不仅难点得不到凸显，而且大部分学生会因已经会了而感觉枯燥，学习兴趣得不到激发，思维得不到充分的启发，会出现"吃不饱"的问题。针对此学情我重新备课，将教学的重点放在算理理解和计算纠错上，这样不仅凸显了难点，教学的时间也大大缩减，还用多余时间拓展了"去九"验算法。教学过程中，我鼓励学生当老师，以助学形式提高学生的学习兴趣，促进学生的思维发展。学生成了课堂的主人，而教师的主要精力就能集中在那些基础不太好的学生身上，由此提高教学效率。

"切"准学生学情，科学处理教材，这是教师专业性的体现之一。

二、"望"学生表现，及时调整教法

课堂上学生的一举一动都应被细心观察，因为学生的思考、困惑、顿悟都表现在其行为中。教师应通过观察及时调整语言和教学方法，灵活驾驭课堂。

《退位减法》一直以来都是教学难点。课堂上，我让学生独立尝试计算"45－9"，同时我仔细地巡视学生们的完成情况，只见一名学生在纸上涂涂画画，我就好奇地问他的想法。他说："我是这样想的，要调 9 个兵去前线，但是个位上只有 5 个兵，那只能从军营里再调 10 个兵来增援他们，调走 10 个还剩 30 个，个位上现在有 15 个兵了，派走 9 个还剩 6 个，6 和 30 个合起来就是 36 个。"

在他的一番"调兵遣将"下，"退一作十"的算理呼

之欲出,又特别直观有趣,于是我马上把他请到讲台上,请他做小老师教大家"调兵遣将"。这节课学生们学得特别好,难点很快化解了。

"望"学生表现,及时调整自己的教学方法,这是教师专业性的体现之二。

三、"闻"思维火花,巧作教学资源

"闻"就是倾听学生,鼓励学生展示自己的思考过程和解题方法。教师要巧变课堂生成的素材为教学资源,引导学生进行分类、梳理和归纳,促进学生的高级思维发展。

在教学一年级"复习与提高"单元《两位数加两位数》一课时,我请学生用自己喜欢的方法计算"36＋17"。在巡视过程中,我很惊讶于学生们多样的思维,有的用位置图,有的用算线,有的用横式分拆,还有的用竖式,这是形式上的不同;有的把相同数位相加,有的先加几十再加几……这是方法上的不同。这么多计算方法,教师应帮学生梳理出共性和特性,把复杂的问题变简单。于是我将所有的方法写在黑板上,请学生进行分类整理。学生分别用位置图、算线、横式分拆和竖式计算这四种不同形式展现了相同数位相加的方法,这四种形式恰恰体现了"具体—表现—抽象"的思维发展过程,学生发自内心地赞叹竖式计算的精简,而一学期加法计算的教学内容都在这一个环节被融会贯通了!

善用课堂教学资源,激发学生思维的火花,这是教师专业性的体现之三。

四、"问"中要害，促进深入思考

"问"是教学的常规武器，是启发性教学的集中表现。教师应尽量少问无目的性和无层次性的问题，要问有价值的问题。

在进行进位加法竖式教学时，很重要的一点是"个位满十要向十位进一"。在大人看来，"满十进一"是约定俗成的，没有道理可讲。但是学生的疑惑恰恰就在这里，对这一知识点的一知半解导致他们总是犯忘记进位的错误。所以在教学中，我没有回避这个难点，而是请学生讨论"为什么个位满了十，一定要向十位进一？能不能不进？"看似无关紧要的问题，却激发了学生思考，点透了竖式计算的道理和重要性。经过充分讨论，学生们忽然明白了：原来一个数位上只能写一个数字，而"10"却有两个数字组成，因为写不下了才要满十进一！

问的问题切中要害，能启发学生的思维，这是教师专业性的体现之四。

综上所述，教师与医生同样具有专业性，不同的是教师的专业性是"无声语言则可望，有声语言则可闻"。教师通过对学生"望闻问切"，找到适合学生的教学方法，启发学生的思维，激发学生思考，这就是我所理解的教师专业性。

做一名专业强的好教师

音乐教师　沈淳

《师说》曰："师者，所以传道受业解惑也。"我眼中的教师，不是简单的教书匠，而是需要极高专业性的专

设计

合作

规划

成长

践行

教师心语：我眼中的教师，不是简单

业人员。教师的专业性包括专业意识、专业态度、专业知识、专业技能和专业品质。教师的专业性对教师个人魅力的形成有着至关重要的作用。

而音乐学科教师,不仅需要掌握相关学科的知识技能,更需要培养学生对音乐的喜爱之情,使学生能够积极感受到音乐的情感和色彩。因此,音乐教师的专业性体现在从精神上和情绪色彩上对学生产生潜移默化的影响,既直接影响学生的学习成就和学习动机,又间接影响学生的个性发展。

我作为汇师小学的音乐教师,应在学校良好的环境里,努力将自己的专业特长教给学生,培养学生多方面的兴趣和特长,促进学生的个性发展。

工作的第二年,我在学校就成立了一个巴扬手风琴兴趣小组。这个巴扬手风琴与键盘手风琴略有区别,它的右手弹奏区域是由一个个小组扣似的琴钮组成。学生们也是基于对这台琴的好奇选择参加这个社团。但是,这对学生们音乐学习的启蒙远远不够。初学的他们只能苦练基本功。而练习基本功的过程对学生们来说是十分枯燥乏味的。这时,我就在每节课上拉一些简单的小乐曲给学生们欣赏。其实,这些曲子都是根据学生们所练习的乐曲稍加改编而成的。有些乐曲是加入了左手的声部;有些则是保留乐曲的旋律,在右手的演奏上融入变奏的部分。

每当我拉起琴的时候,学生们总是睁大眼睛看着我那不停变换位置的手指,还时不时发出很惊叹的声音。这时,我心里也有些小小的骄傲,觉得音乐的的确

> 的教书匠,而是需要极高专业性的专业人员。 教师的专业性包括专业意识、专业态度、专业知识、专业技能和专业品质。

确拉近了我和学生们之间的距离。而我的这一些小小举动,也在某种程度上激励了乐团的学生们更加努力地去练琴。学生们练琴的兴致更高了。

现在,每逢一年一度的区级器乐比赛,学生们的训练次数也会从一周一次增加为一周两次。有时,每周两次的训练也会影响到学生们的课外活动,但让我意想不到的是,很多学生会非常主动地在乐团训练与课外活动之间选择乐团训练。也有许多家长给我发微信,告诉我他们的孩子是多么喜欢拉手风琴。在一周一次的训练中能够让学生们真正地喜爱上拉手风琴,这就是我的小成就,为此我感到非常自豪。

一位专业的教师,不仅要有丰富的情感和教育上的乐观精神,还要相信每位学生的发展潜能。师者,所以传播音色之美妙也。我用自己的专业知识,让学生们认识和了解了巴扬手风琴这种俄罗斯传统民族乐器,也让学生们逐渐迷上了这种乐器。敲下这篇文字时,我的内心是充实而满足的。这也激励着我,在做一名专业强的好老师的道路上,更加不断地充盈自己、丰富自己,把音乐的那份美好传递给我们的学生!

小学教师的"小"专业

英语教师　吴文彬

不同类型/层次教育的教师应具备的教育教学理念及其方法、专业知识与专业技能是不一样的。小学生尚处在知识启蒙阶段,身体还在发育,智力水平和认知能力还在不断提高中,对社会、世界的看法也处于逐

设计

合作

成长

规划

践行

教师心语：小学生尚处在知识启蒙阶段，身体还在发育，智力水平和认

步形成的重要时期,小学教师应该清楚地了解小学生的身心发育特点,运用自己的专业促进学生成长。

在生活中,我时常被别人这样问:"你是做什么的?"

"老师。"

"高中老师啊?初中老师?"

"不,小学老师。"

"哦,小学简单呀!小孩子,哄哄就好了。"

……

真的如此吗?其实不然。

高考填报志愿时,我便选择了小学教育专业,坚定了做一名小学教师的信念和理想。大学四年,我阅读了几乎所有中外著名的儿童读物与绘本,翻阅了不同版本的小学课本,探索了当今先进的教育理念,努力提升小学教育专业知识和技能;大学四年,我还学习了儿童心理学、儿童生理解剖学、儿童运动康复学……"彻彻底底"地把儿童"学"了一遍,初步了解了小学生心理、生理方面的知识和特点。

四年前,我非常有幸成了汇师小学的一名英语教师。踏上教师岗位后,我深切体会到小学教师传授的知识也许并不难,难的是如何紧紧围绕小学生的成长和阶段性基础学科知识目标进行教育、教学。小学教师并不是人人可以充当的,也不像有些人说的那样简单。就拿汇师小学的教师来说,每天在学校工作八小时,既要教书更要育人,下班铃声虽响,但留下来给学生补课、谈心、批改当天作业是常事;回家还要继续改课件,准备次日的上课内容;一篇篇课堂教学反思,一

知能力还在不断提高中,对社会、世界的看法也处于逐步形成的重要时期,小学教师应该清楚地了解小学生的身心发育特点,运用自己的专业促进学生成长。

23

份份学期后的教学质量分析，教师们以专业的精神全身心地投入工作，努力经营着教师这份事业。

我当老师的时间并不长，无法很全面地从宏观角度阐述教师为什么是专业人员，但可以用我的每一节课来告诉大家，小学教师的教和做都是有理可依、有据可循的。为什么要复习这几个单词？因为今天会学习与此相关的新单词。为什么今天学那几个新单词？因为明天要用这些新单词介绍一个新物品。为什么今天学这个句型？因为这个新句型与之前学的老句型合在一起就能把物品介绍得更完整。每一节课的教学目标和内容都不是拍脑袋随便想出来的，整个小学的教学目标和要求都会分年级、分学期、分课时落实到每一节课的每一个教学环节中去完成。

小学数学教师的专业注重

数学教师　孙静

这是我在汇师小学工作的第三年。作为一名小学数学教师，我认为教师专业要注重以下三个方面。

一、要具备崇高的职业道德和敬业精神

身心健康是我们学校对学生的培养期望之一。这就决定了我作为汇师小学的一名教师，不仅要教书，更要育人。教师的专业精神能够感动和激发学生的"良心和智慧"。学生如果时时感受到教师精神力量的召唤，那么教师就会成为学生生活中最重要的人之一，因而教师的专业责任感非常重要。教师就是学生的一面旗帜，教师一个鼓励的眼神，一次关爱的抚摸，都会在

教师心语： 教师就是学生的一面旗帜，教师一个鼓励的眼神，一次关爱的抚摸，都会在学生心中激起阵阵涟漪，对学生产生潜移默化的影响，这些影响甚至超过了语言的力量。

学生心中激起阵阵涟漪,对学生产生潜移默化的影响,这些影响甚至超过了语言的力量。记得在一年级一次计算比赛中,我班一位女生发挥不稳定,最终只取得了B的等第。孩子心情非常沮丧。我没有当着全班同学的面去问她原因,而是选择在课后与她一个人沟通,因为我了解她的计算水平,这一次完全是发挥失误,我要保护她小小的自尊心,也要为她今后做计算题树立信心,而不能在她幼小的心灵留下她计算不好的阴影。后来这个女生的数学成绩越来越好,原来胆小的性格也慢慢勇敢起来。我深信,作为一名教师,对学生的耐心、保护、鼓励将会直接影响学生的身心健康。教育要有合适的时机,这个时机又要特别贴近学生的年龄、心理特点,这就要求教师要有崇高的职业道德和敬业精神以及教育学、心理学等方面的知识。

二、要有丰富的专业知识

终身学习也是我们学校提倡的,这对教师的专业提升是一个保证。小学数学知识体系看似简单,其实并不然。我在两年多的数学教学工作中,学会了理性地思考教学问题,利用教研活动、课余时间进行理论学习,包括数学专业知识的学习,最新教学理论的学习,最新教学方法、教学评价方式的学习等,努力使自己成为专业知识更加丰富的人,以面对现在或将来教育教学中出现的各种问题。

三、要有充分的实践机会和反思意识

实践、反思是我们汇师每位教师都认真对待的。我校优秀的数学教师都是通过日常教学和公开课研究

活动的千锤百炼及自身的不断反思成长起来的。杜威认为："教师对教学应该提出适当的怀疑，而不是毫无批判地从一种教学方法跳到另外一种教学方法，教师应对实践进行反思。"反思是每位教师在专业上不可缺少的内在驱动，教师通过反思调整自己的教育教学方法，提高自身素质，促进自身专业发展。年轻教师在上公开课前所做的所有准备工作，一次又一次的试教与调整，来自团队和优秀教师的指导意见，都是非常宝贵的实践或经验，每次活动和改进都是一种有益的反思。如，我在上《东南西北》这一节公开课前曾做过这样的反思：学生在课堂上的表现经常会受到同学的影响，学生之间是互相学习与模仿的，如果在课堂上增加"小老师"的岗位，学生在课堂上就有了表现自己的机会，其他同学也会更为关注这个学生的发言，因为"小老师"可以提醒同学对问题进行补充和完善。于是，我在公开课中便进行了尝试，在课堂上设立了"小老师"这个岗位。"小老师"的设立引起学生们学习的兴趣，此方法也得到听课老师的认可。我想，如果我没有上这节公开课，也就没有机会得到各位老师的指导，没有反复的锤炼，我也不会有这样的思考，我的日常教学就不会有提高。课堂教学的磨炼与反思终将内化成专业成长的力量。

音乐教师专业性的重要性

音乐教师　胡君瑜

1966 年，联合国教科文组织在《关于教师地位的建

议》中提出教师工作应被视为一种专门职业,认为它是一种要求经过严格训练且持续不断研究才能获得并维持专业知识和专门技能的职业。时至今日,随着社会的发展,人们越来越清楚地认识到,教师职业具有很强的专业性,需要较高深的专业知识和技能,要求从业者拥有丰富的经验。可以说,这些都是教师职业的专业性特点。在我看来,音乐教师的专业性能保证在职业领域中完成其不可替代的教育工作。

例如小号这种小型西洋铜管乐器,了解它的人可能并不多。在我们小学里,小朋友们学习小号不只是为了吹奏升旗仪式的乐曲,而是要学习一门乐器艺术,提高音乐欣赏能力。在交响乐、铜管乐队演奏时,人们很少会关注和仔细听辨小号声部的旋律与乐器本身的音色,毕竟在生活中能听到小号独奏的机会并不多,因此在学校,除了音乐教师,其他教师很少会去对小号这门乐器进行深入的了解。

汇师小学的小号队已经成立三年多了。每年9月一开学,我都会根据我对小号的认知与理解,从三年级各班选出2—3名学生参加小号队。挑选学生的首要条件是小朋友的乳牙是否已换好,门牙是否整齐,嘴唇厚薄是否合适,因为小号作为吹管乐,其演奏方法对于嘴型的要求比较高,先天嘴型不符合小号吹奏条件的小朋友,即使乐感再好,也不适合学这门乐器。还有一点,有人认为,吹小号一定要体胖、气足、肺活量大,而且必须是男生。其实不然,阅兵仪式上军乐队中吹着小号、圆号、长号各种铜管乐的女兵们个个英姿飒爽,

教师心语: 闻道有先后,术业有专攻,各行各业本来就都有其不可替代的专业性。 教师的专业性也是在长期培养与训练中形成的,无论是在知识传授、道德培养方面,还是在心灵启迪等方面,教师也一直在不断学习,更新自我。 教师的专业化发展是一个持续不断的过程。

丝毫不逊于男号手。不仅那些冲锋曲是小号曲,著名的《天鹅湖》中轻快优美的《那不勒斯舞曲》也是小号独奏曲。体型就更不是问题了,吹小号用的不是蛮力而是正确的腹式呼吸方法,肺活量自然越练越大,吹小号本来就是轻松的。

这些专业理论知识,在学校,除了专业音乐教师外,其他学科的教师是难以分辨清楚的,这就是音乐教师的专业决定的。闻道有先后,术业有专攻,各行各业本来就都有其不可替代的专业性。教师的专业性也是在长期培养与训练中形成的,无论是在知识传授、道德培养方面,还是在心灵启迪等方面,教师也一直在不断学习,更新自我。教师的专业化发展是一个持续不断的过程。

教师专业性的起点——从学生需求出发

数学教师　王旻

我在汇师小学从教已经十余年,在教育工作上也积累了一定的经验,对小学教师的专业性有了一定的认识和理解。我觉得教师专业性的起点和源动力都是围绕一个核心:学生。凡是有利于学生成长和发展的,学生乐于接受的,利于学习的,就是教师专业素养提升和发展的生长点。且听我来说说这几年我与七巧板的那些事儿。

五年前,学校启动了"快乐"平台,要求每位教师根据自己的专长和爱好积极申报课程。我记得小时候玩过的七巧板挺有趣的,就申报了"思维游戏"这门课,准

教师心语:我觉得教师专业性的起点和源动力都是围绕一个核心:学生。凡是有利于学生成长和发展的,学生乐于接受的,利于学习的,就是教师专业素养提升和发展的生长点。

备以七巧板为主要题材。然而,关注这门课的学生寥寥无几。我只好一再鼓动我们班的学生选我的课,不料他们却说:"王老师,七巧板我早就会了,很容易的!""王老师,这个看看图就可以玩了吧!"课上,尽管我也准备了很多七巧板的图案,将一些拼搭技巧倾囊而授,结果却是,学期结束时我的课程学生满意率均低于77%,这给我浇了一盆冷水。怎样让学生积极主动地投入七巧板的学习,并能学有所获? 这是看到学生给我课程的反馈后,我一直在思索的问题。

于是,我向以前一直在带教七巧板兴趣小组的老师"取经"。"你可以让小朋友自己尝试制作七巧板,自己来创作一些图案啊!"这位老师一句话点醒了我。是啊,我怎么没想到呢? 于是,我将此内容分成了"拼搭"和"创作"两大部分。在"创作"环节,请学生自己制作七巧板,以小组为单位,合作绘制人物、动物故事的组合拼画。前期的拼搭以竞速为主,后期以小组展示为形式,这激起了学生们动手动脑的积极性和投入学习的兴趣。但当课程开在三、四、五年级时,又碰到了问题,中高年级的学生觉得拼拼画画的内容太缺乏挑战性了,我还需进一步改进!

学校每学年教师培训时,都会请一些课程开设得比较成功的教师分享经验。我发现他们的经验有共通之处:一是课程层递性清晰,由易渐难;二是板块清晰,趣味性与知识性有机融合。于是,我在一直使用的经典七巧板的基础上,引入现代七巧板。现代七巧板改变了传统七巧板"图案量少、形象单调、没有弧线"的缺点，能拼搭出两千多种形象生动、活泼可爱的图案，新的图案也能根据想象不断丰富，更有利于锻炼学生手脑协调的能力。我将现代七巧板分为五大板块，从帮助学生熟悉各个板块的拼接规律开始，直到学生利用画板和七巧板合作绘制出各种有趣的故事。这样不仅调动了学生相互协作的积极性，更重要的是激发了他们的创作潜能。三个学期下来，学生的参与性和积极性都提高了，高年级大朋友不会觉得没有意思，低年级小朋友也有了积极努力的方向。对我而言，教学改进也算成功、到位，不仅课程的关注度提高了，学生满意率更是达到了100%。

由此可以说明，教师的专业发展要围绕学生的成长和身心发展，满足其需求，在适应先进教育教学理念的前提下，收获师生的共同成长。

（三）教师专业发展

这里所说的教师专业发展，是指"教师的专业发展"，而非"教师专业的发展"。因为"教师专业的发展"含有教师职业发展的意思，容易被误解为教师职业(专业)本身的发展，这是宏观的、政策层面上研究与探讨的问题，不在本书讨论范围之内。教师的专业发展，明确地告诉我们是专指教师在专业上的发展问题，这正是本书需阐述的重要问题。

教师专业发展是教育发展的根基，也是学校发展的土壤，更是学生成长的雨露。

教师专业发展是教育发展的永恒主题，也是学校发展的探索课题，更是教师走向成功的职业命题。

1. 一般意义上的教师专业发展含义

教师专业发展历来是国内外教育领域的学者专家和广大教育工作者关注的热点和重要问题。改革开放以来，党和政府对教育高度重视，对教育的功能作用赋予了崭新的定义，对教师的地位作用寄予了殷切的期望，对教师专业发展的问题和路径的讨论随之热烈起来。这是一个好现象，充分说明教师在教育中的重要角色地位受到重视，推动教育改革与发展需要教师的参与和专业水平的可持续发展，以人为本的发展观在教师的职业生涯中得到重视与体现。

教师专业发展是指教师作为专业人员，在专业思想、专业知识、专业能力等方面不断发展和完善的过程，即从专业新手到专家型教师的成长过程。教师专业发展是教师人生价值实现的过程，是教师在充分认识教育意义的基础上，不断提升精神追求，加强职业道德修养，掌握教育规律，拓展学科知识，强化专业技能和提高教育教学水平的过程。

教师专业发展，是一种全面的发展，而不是简单的业务能力提高。而从教师完成教书育人的神圣使命来看，教师的精神状态提升也许显得更为重要。

教师专业发展，一定是教师专业水平和高尚情操的融为一体，也一定是教师业务能力与精神生活的并

31

驾齐驱。我们提出教师成就事业与心情舒畅相协调，无非是倡导教师实现一种可持续发展的平衡。工作与生活的平衡智慧，既是教师专业发展的过程，也是教师专业发展的结果。工作并不妨碍教师享受生活，享受生活也不以怠慢工作为代价。教师只有在这两者之间找到平衡点，才会有持续的工作动力和正常的生活节奏。

教师专业发展，在教书育人的境界和能耐得到提升的同时，工作和生活也必然会变得更加有滋有味。

相关链接：关于教师专业发展的两种观点

教师专业发展的定义迄今尚没有标准答案。根据国内外专家学者的研究成果，主要有过程说和阶段说。

过程说，指教师作为专业人员，在职业道德、专业思想、专业知识、专业能力、专业品质等方面由不成熟到成熟的发展过程，即由一名专业新手发展成为专家型教师或教育家型教师的过程；或是指教师的专业成长或内在专业结构不断更新、演进和丰富的过程；或是指以教师专业自觉意识为动力，以教师教育为主要辅助途径，教师的专业知能素质和信念系统不断完善、提升的动态发展过程。

阶段说，即把教师专业发展过程划分为非关注、虚拟关注、生存关注、任务关注、自我更新关注五个阶段；或划分为准备期、适应期、发展期和创造期四个阶段，这四个阶段的终点分别对应新任教师、合格教师、骨干教师和专家教师（学科带头人、特级教师等）；或划分为

设计

合作

规划

成长

践行

适应、成长、称职和成熟四个阶段；还有人把教师专业发展过程划分为适应期、发展期、成熟期和持续发展期四个阶段。

综合上述观点，教师专业发展的特点可以概括为：一是教师专业发展应由外部要求转向内生需求，由外部压力转向内部动力；二是教师专业发展是动态的、持续的、渐进的过程；三是教师专业发展的内容应包含更新教育理念、恪守职业道德、掌握教学方法、拓展专业知识、提升专业能力、建构专业人格、形成专业思想、发展专业自我。

2. 小学教师专业发展的含义

小学教师也有专业发展的要求，尤其是在当今科技迅猛进步，社会转型进入关键时期，人们对教育的期望渐高，教育教学改革进入攻坚战的情势下，社会对小学教师的要求也水涨船高，寄予的希望也日渐增大。这一切的改变，都要在小学教师的身上落实和实现。因此，小学教师的专业发展被提到议事日程，备受人们重视，也是自然的事。小学教师肩负的责任，要求教师具备与其相匹配的专业水准。

小学教师专业发展除了要有一般教师专业发展的内容与要求外，根据其受教育对象的实际情况，还应有自己的更加明确、可以操作的含义内容，它应当是：孜孜不倦地学习发展中的教育理念，并择机合理地将之运用到自己的教育教学实践中；不断探索、创新教学方法使自己与学生都受益；满腔热情地帮助学生培育健

康人格；持续不断地学习、钻研专业知识，提高专业技能，适应学科教学与自身发展的需要；以探究、创新的精神，审视、总结教育教学工作，积极研究提高教育教学质量的方法；以专业精神规划、规范职业生涯发展，努力成为具有专业思想、专业理想、专业素养、专业学养、专业操守、专业风格的专业教师的过程。

小学教师专业发展是一个持续渐进、不断习得的过程，需要认真对待、辛勤付出才能得到回馈，不可能一蹴而就。

衡量小学教师能否胜任工作岗位要求，能否取得良好的教育教学效果与质量并保持下去，从他（她）的教师专业发展之路走得如何便可知晓。由此可见，教师专业发展是小学教师职业生涯的生命线，是高质量教学的源动力。

＊ 汇师说法 ＊

教师专业发展在宏观上是教师为适应经济社会发展对学校和教师提出的任务要求、实现学校发展目标而做出的所有努力，在微观上是教师不断获取新的知识与能力并胜任学校教育教学要求，实现自己职业生涯目标的终身追求和工作态度。汇师小学致力于教师专业发展，在实践中创造出了许多有效的经验，教师在其专业发展实践中发展出了具有汇师特色和个人特点的做法。

教师要勇于投身课堂教学实践，助推专业发展

美术教师　许新婷

教师专业发展是教师掌握教育规律，强化专业技能和提高教育教学水平的过程。青年教师勇于承担公开课任务,投身课堂教学实践,是促进自身专业发展,提升教学能力的好方法。

　　作为青年教师,公开课对我来说就是成长与历练的机会。如,《原色和间色》是我近年上的一节公开课。这是一堂色彩知识课,也是学生喜欢的颜料课,却是我最头疼的课,我常担心学生因玩颜料过度兴奋而影响课堂教学。记得初次磨课,出于对教学秩序的考虑,我在教学生用原色调配间色时,规定学生先蘸取红、黄两色调出橙色,再蘸取蓝、黄两色调出绿色,最后蘸取蓝、红两色调成紫色。这种告知式的教学方式虽然使我较好地掌控了教学秩序,却消磨了学生浓厚的学习兴趣,使课堂氛围变得死气沉沉。课后,我进行了反思,教研员也告诉我要把课堂还给学生,给予学生自己探索的时间,只有亲身尝试后获得的知识才会长久地留在脑海中。于是,在上公开课时,我改变了教学策略,更改变了教学理念,大胆放手让学生选择自己喜欢的原色,两两调配出新的色彩。课上,我听见学生高兴而自豪的声音:"老师,我用蓝色和黄色调出了绿色。""老师,我也调出了绿色,但我的绿色比他的浅,我在蓝色中加了许多黄色。"

　　当学生们相互分享自己的调色体验和方法时,课堂开始焕发出新的生机。我想,公开课上得成功固然重要,但更重要的是,在公开课的准备过程中,我对课堂教学的理念有了转变,我明白了教学中要传授知识,更要培养能力,在课堂教学中,应体现学生的自主性、

教师心语: 教师专业发展是教师掌握教育规律,强化专业技能和提高教育教学水平的过程。青年教师勇于承担公开课任务,投身课堂教学实践,是促进自身专业发展,提升教学能力的好方法。

积极性，让学生提出问题、发现问题，经过思考后得到答案，而不是由教师来告知答案。此后，我在备课时就有意识地思考哪些教学活动能设计成探究性学习活动，给予学生尝试探索获取知识方法的空间。

上述故事只是这节公开课准备过程中发现的一个问题。其实，这节课正式开课前的磨课历时半个学期，一次次试教，一次次被推翻，一次次修改教案，具体磨课次数都记不清了。那段时间我脑海中经常在思考一节课该怎样设计课堂导入、各环节过渡语，每个教学环节怎么设计更好等，总希望让课变得更完美。磨课的过程亦是一个"蜕变"过程，这段经历让我至今记忆犹新。这是我教师专业发展道路上留下的坚实脚印，所有的付出都是值得的。

不断学习，反复锤炼

语文教师　陈皎如

我从教已经近 20 个年头了，也曾一度认为自己算是一个有经验的"老教师"了：对学生的表现我清楚地知道该如何应对，对教材我也十分熟悉，对自己的教学也有了一定的想法，对各类教学方法、策略也能略谈一二……我认为自己已经十分"专业"了。然而，去年的一堂课却给了我很大的触动。

去年，我担任三年级一个班的语文教学工作。我要在教研组内执教一节研究课。上课伊始，我便设计了一个问题："请你简单地介绍一下课文讲了一件什么事。"有学生用一句话进行了简单的概括。我皱了皱

教师心语：什么是教师的专业发展呢？我认为对已经形成一定经验的教师来说，不能故步自封、困于"经验"的窠臼中，应该持续不断地学习，对以前知道的专业知识、学科要

36

眉,显然,这样的回答我不满意。我认为这样的回答太简单了!于是,我便反复引导学生,花时七八分钟。我教得辛辛苦苦,学生说得磕磕巴巴。尽管这样,我还是满意的,因为学生按我的要求对课文内容进行了概括。但课后,我进行了反思,为什么学生回答问题时会磕磕巴巴?为什么我教得这样辛苦?对该问题到底要把握一个什么度?我又一次翻开了《小学语文教学基本要求》,这才幡然认识到,由于我连续七年都在高年级任教,在教学中用五年级的要求去要求三年级的学生了。其实,学生的第一次回答就已经很到位了。我在教学时忽略了学生的年龄特点,没有把握好年段目标,盲目拔高,所以才会在教学中教得辛苦。

现在回过头来想想,什么是教师的专业发展呢?我认为对已经形成一定经验的教师来说,不能故步自封、困于"经验"的窠臼中,应该持续不断地学习,对以前知道的专业知识、学科要求,我们还是要反复锤炼,否则就不能成为发展型教师。

从班主任工作看教师的专业化发展

语文教师　俞薇薇

作为一名教师,一个班主任,我认为我们的教育不仅仅是传授文化知识,更是培养人格和情感,是和学生一次次心灵上的沟通。现在的学生可不比从前,他们见多识广,如果用一成不变或老套的教育教学方法,他们会觉得苍白无力,所以班主任也得与时俱进,积极开动脑筋,智慧地解决教育的新问题,这也是教师的专业

求,我们还是要反复锤炼,否则就不能成为发展型教师。

教师心语:教育中蕴藏着大智慧,但智慧源于你的勤奋和对教师职业的热爱。

37

化发展。

一、营造一种家庭式的和谐氛围，让班级充满朝气和活力

"没有爱就没有教育，爱是打开学生心灵的钥匙。"这是每一位班主任都熟知的道理。多一些非正式场合，多一些轻松的话题，这"两多"是我每次接一个新班级时鼓励学生更快地融入集体，交结伙伴，从中获得快乐的宗旨。开学前，我总要进行全面家访，热情地迎接这群从幼儿园刚跨入小学大门的孩子们。开学后，在课间，在饭后，我会找他们聊天、说笑，从他们最喜欢的动画人物开始，从他们经常阅读的绘本开始，从他们最乐于进行的"老鹰捉小鸡"游戏开始。我放下教师的姿态，走进他们的活动、言谈、所读书本的世界里，变成一个能与他们聊得来、玩得来的大姐姐。在走近他们内心后，我对他们的了解更近一层，在他们遇到困难时，我就想办法帮忙解决；在他们出现思想问题时，我就找他们谈心，耐心细致地进行说服教育。在他们感受到新集体的温暖后，在师生情感加深后，教育也就更容易深入他们的心田，让他们更易接受。可见，从未任教低年级的我，当了一年级的"孩子王"后，适时学习心理知识，采取适合低年级儿童的教育方法，很好地提高了教育的有效性，这也是教师专业发展的需求。

二、制订一套人性化的班级管理制度，让班级管理充满人情味

俗语说得好："没有规矩，不成方圆。""班风正，学风盛。"班规是对学生不良行为的约束和纠正，但利用

强制手段迫使学生遵守班规往往会适得其反。我在工作中多设奖励机制，减少惩治手段，充分调动了学生的积极性。每次接到一个新的班级，我就和学生们一起商定班规，我们以《小学生行为准则》为基准，根据现实情况进行调整补充，拟定好适于班级的十条规定。只要班规定下来了，我们就打印成稿，贴于教室墙上，将之作为全班学生共同遵守的行为准则。在班规定出来后，我根据小学生非常具有荣誉感的特点，采用小组竞赛形式，激励学生，并根据"一天一结分，一周一评比，一月一奖励"的操作流程，时常夯实，时常点评，时常推进，从小事小处着眼，从竞争机制着手，有效地促进了学生良好习惯和积极行为的养成。对于新班级，抓好常规工作，就能为以后的深入教育打下基础，班级会出现积极向上、稳步前进的局面。"秉承传统，常变常新"，这也是我作为班主任追求的教师专业发展的一方面。

三、建立一支优良的班干部队伍，使班级分权分层合作

小学生较为单纯，有着强烈的表现欲望，都希望在参与班级管理时大展身手。如果权力过于集中在几个学生手中，既不利于培养学生的自尊心和自信心，又不利于营造学生自我教育、自我管理的良好氛围，并且会大大减弱班级自身的教育力和感染力。我在班级中实行工作分权，大、中、小队长从每次队干部改选中民主选举产生；课代表助手、各级各类管理员以及班主任"小情报员"也在学生们的自荐和推选中产生。所有岗

位都各司其职，分工协作，相互制约，力争做到事事有人管，事事有人做，使班级工作开展得更加有序。当然，这些班级干部也都有自身的缺点和弱项，对他们不能过分苛求、指责，特别是在他们工作出现失误的时候。张同学是这次新上任的班长，新官上任总想点三把火，他指出同学的错误行为时过于直接，态度过于强硬，同学们对他的工作有了意见。对他，我没有直接批评，而是从两方面对他进行指导：一方面，我让他每天表扬 3 位同学，从批评别人转换为表扬别人，积极引导他学会用欣赏的眼光看待同学；另一方面，我还建议他写班长日志，写下自己在当天管理中产生的烦恼或疑惑。一周中，我总是找上一两个中队干部定时和他交流，给他支支招，教他换个角度看问题，以增强他工作的信心，同时也增强他和中队干部的沟通与交流。渐渐地，这位大男孩在同学中的威信越来越高，管理也越来越讲究方法并取得实效。班干部的队伍好似火车头，火车头开得快，开得好，班级整体就能被带好，良好的班风也能因此形成。"因势利导，刚柔相济"，在班主任工作中把握好尺度，也是教师专业化的一种体现。

教育中蕴藏着大智慧，但智慧源于你的勤奋和对教师职业的热爱。教育需要爱和智慧，而我正在班主任的道路上不断摸索，不断前行，这或许就是一条教师专业化成长之路。

设计

合作

规划

成长

践行

班主任工作也要谋求专业发展

语文教师　殷洪骏

每周四,是三位见习生来校学习的日子。在进行完常规的学习后,照例,我们会进入"疑难杂症"交流时间。这个环节,是我基于见习生缺乏教育经验而专门设置的。

"最近遇到什么难题吗?"我开门见山地问。

"有!"小迪迫不及待地开了口。"最近班里流行用彩色笔,王同学主动提出帮同学买笔,但前提条件是每次赚取1元钱的跑腿费。有学生向我告状了,说他已经赚了十多元钱,说他这是在骗同学的钱。"

"那你觉得王同学是在骗钱吗?"

"应该不是。我问过让王同学代买笔的同学,他们都是事先同意付跑腿费的。"

"哦,那你打算怎么处理呢?"我看向小迪。

"我打算……"小迪面露难色,"教育他……"

"怎么教育?"我追问。

"嗯……"从小迪焦急、犹豫的神情来看,这个问题的确是难住他了。

的确,我们教师在遇到问题的时候,通常采用的方法就是口头教育,一般是用大道理再加上小故事,以达到晓之以理、动之以情的目的。其实,有时学生或出于对教师的敬重,或出于对教师的畏惧,大部分都表现出听从教师的教育。但事实上,有些学生嘴上不说,心里还是不服气的,尤其是高年级的学生,他们开始有了自

教师心语:教师已不仅仅是一种职业,更是一种专业。教师身处专业领域,就要谋求专业发展。教师专业发展就是从专业新手到专家型教师的成长过程。教师专业发展是教师人生价值实现的过程,是教师在充分认识教育意义的基础上,不断提升精神追求,加强职业道德修养,掌握教育规律,拓展学科知识,强化专业技能和提高教育教学水平的过程。

己的想法。因此，教师需要学会更多元地处理问题，这也就要求班主任在专业上有所发展。

上述这个案例，可以说是具有一定的时代特征的。现在是市场经济时代，人们的金钱观在不断发生变化。家庭和社会时刻在影响着孩子们幼小的心灵。因此，我们的教育方式不但要多元，还要能适应时代的节奏。对此，我给出的处理意见，一是家校合作：知根知源，治标治本。弄清王同学产生这一行为的原因。现在不少家庭采用做家务换取报酬的做法，这种做法容易使孩子产生要我做事就必须付报酬的想法，渐渐地，就有可能将这种行为带到学校来。与家长取得共识，王同学用劳动换取报酬的想法是对的，但在学校，其行为不合适，这样会将同学情谊异化为金钱关系，建议家长改变培养孩子理财观念的方法。如果不是家庭教育的问题，就要家校双方留意王同学的行为，找到产生这种行为的根源。二是以点带面：钱物有价，情义无价。以此为契机，召开班会，组织学生们针对这一情况展开讨论：如，一元钱可以买到什么？同学情、师生情、父母的爱……又是多少钱能买到的？通过以上两个问题的比较，你能发现什么？三是明理导行：知晓其价，升华其值。至于如何处理王同学到手的十多元钱，家校要达成共识，共同进行说服教育，毕竟这是他的劳动所得，需要尊重他的意见，可以适当地引导，也可以在班会上让学生们帮忙出主意，建议他把钱用到有意义的地方或退还给同学。四是合理引导，呵护财商。相对国外的理财教育，我们的理财教育更多地停留在支出的"节俭教育"上,而理财的另一个方面——收入,几乎被忽略了,基本上看不到相关课程。班主任可以在班中开展理财教育活动:请在银行工作的家长来做讲座,让学生们了解财经机构是如何运作的;组织学生去商店购物,使之在实践中初步学习消费规划的概念;在班中开设"跳蚤市场",让学生在"做中学",在"玩中学",逐步培养正确的理财观等。

从现今的教育发展形势来看,教师已不仅仅是一种职业,更是一种专业。教师身处专业领域,就要谋求专业发展。教师专业发展就是从专业新手到专家型教师的成长过程。教师专业发展是教师人生价值实现的过程,是教师在充分认识教育意义的基础上,不断提升精神追求,加强职业道德修养,掌握教育规律,拓展学科知识,强化专业技能和提高教育教学水平的过程。班主任工作亦是如此。

班主任难做,这是众多教育工作者共同的心声。因为时代在变,学生在变,家长在变,我们遇到的问题也在不断地变化着。要跟上变化的节奏,唯有不断地改变自己、提升自己。

反思,促教师专业发展

语文教师　陶艳

学生的发展离不开教师,教师是激发学生潜能的关键。而有效反思是有效教学的保证。作为一个有着20年教龄的教师,我在语文教学中常常反思和总结教学过程中的新问题、新情况,整合教学实践中生成的各

教师心语: 学生的发展离不开教师,教师是激发学生潜能的关键。 而有效

43

反思是有效教学的保证。

种新信息，对原来的教学设计进行修改、补充和完善，以此来不断提高自身的专业素质，促进自身的专业成长，促进学生各种能力的发展。

举个小小的例子。去年我任教了二年级两个班的语文教学工作。"能写几句意思连贯的话"，这是大纲对二年级看图写话的要求。在第一个班级上多幅图看图写话《热心的小兔》时，让学生观察了图画后，我就请他们用"谁干什么"来简单说说图画的内容。学生说得不理想。后来我反思了自己的教学行为，二年级的学生年龄还小，观察会有片面性，在他们没有看清图意或没有全面了解每幅图之间关系的情况下，不应该急着让学生说，而应该先引导学生说说图上画了些什么。因为多幅图写话，一般来说人物、场景都是需要学生运用到写话当中的，只有看清楚了画面的人与物，想明白了他们之间的关系，才能把图画的内容说清楚说连贯。因此，我在第二个班上这一课的时候，就先引导学生说说图上画了些什么，每幅图之间有什么联系，学生说得就很好。

有效的教学反思对教师的专业成长具有重要的意义。"教师成长＝经验＋反思"，美国心理学家波斯纳提出的这个公式充分说明了教学反思对教师发展的重要意义。

学校的培养机制给了我发展的机遇

语文教师　郭裕婷

我是一名有着 20 年教龄的中年教师，所带班级曾获得"全国特色中队""上海市优秀中队"称号。曾经的我对班主任工作充满信心。可是，当时间的车轮进入21世纪，当70后班主任遇到80后家长和00后学生，我发现以前的法宝不够用了。

80后，是新中国第一代独生子女。良好的物质基础使80后家长整体受教育水平更高，知识储备更丰富，知识面更宽广，表现在对孩子的教育上，就更有想法。但是独生子女又比较自我，不太愿意承认自己的不足。这一点也表现在对孩子的教育问题上。

00后，是捧着iPad长大的一代。互联网的飞速发展使得他们眼界更为开阔，兴趣更为广泛，更加捍卫自己的话语权，同时，对情感的需求也更多。

"老师傅"遇上新问题，是按老经验走下去，还是寻求新方法？作为教龄不短的老教师，我也很困惑。好在汇师小学的培养机制给了我新的发展机遇。在学校的支持下，我进行了"学校心理咨询师"的学习，参加了相关考试，并将学习到的点滴运用到家校合作和班级管理之中，解决了不少与家长、与学生交流沟通中产生的问题，也解决了不少班级管理中难以解决的问题。实践证明，学习心理学沟通技术，关注学生的心理健康，能给新时代的班主任工作助上一臂之力。

教师专业发展是教育发展的永恒主题，也是学校发展的探索课题，是教师走向成功的职业命题。我想，对我这样的中年教师来说，教师专业发展更是突破瓶颈期的关键问题。

教师心语：教师专业发展是教育发展的永恒主题，也是学校发展的探索课题，是教师走向成功的职业命题。我想，对我这样的中年教师来说，教师专业发展更是突破瓶颈期的关键问题。

教师需不断探索教学方法

语文教师　吴怡斐

教师心语：作为教师，不断去探索和创新自己的教学方法，去激发学生学习的兴趣，也是教师专业发展所要求的。

一次，班里的几位家长曾就孩子在家复习拼音的情况和我做了交流。其中一位家长向我反映：孩子回家后，对要复习当天所学复韵母这一任务很排斥，总想少读；每每读完一遍后，就以各种借口说自己会读了，对自己已经掌握的知识不愿意再花更多时间。她不知道遇到这种情况时该怎么教育孩子。另一位家长则表示孩子学前没有学过拼音，回家读完几遍后，还是会遗忘，向我求助有什么方法能帮助他加强记忆。两位家长的困惑引起了我的思考：面对这样两种截然不同的学情，作为一年级的语文教师，我在教学方法上该如何调整呢？如何能既使得有基础的学生在课堂和课后学得趣味盎然，又让没基础的学生跟上教学节奏，扎实地掌握拼音知识呢？

反复思考之后，我觉得还是要抓住一年级学生的年龄特点——好玩，通过不同的拼音游戏，来帮助他们复习拼音，激发他们学习的兴趣。于是，我在游戏设计上动足了脑筋，设计了一些趣味拼音游戏。这些游戏不同于以往的简单读一读，而是让学生动脑、动嘴又动手，并且还增加了和爸爸妈妈之间的亲子互动，比如"拼音宝宝涂涂色""单韵母排排队""打打拼音牌""听音找卡片""小兔过河"等。同时，我还考虑到这个年龄段的学生好胜心和表现欲强的心理特点，利用了"晓黑板"这一网上 APP 工具，举行"我是小小

46

播音员"活动,鼓励他们进行拼音赛读,上传自己读得最棒的录音,展示给小伙伴听一听、评一评。

在课堂教学中,我也设计了"送拼音宝宝回家""我是小小指挥员""我是拼音小考官"等趣味拼音游戏,充分调动学生学习拼音的积极性,使得全体学生都能行动起来,畅游在拼音的王国里!

我想,作为教师,不断去探索和创新自己的教学方法,去激发学生学习的兴趣,也是教师专业发展所要求的。

（四） 教师专业发展的大趋势

我国当代教师专业发展研究探讨始于 20 世纪 80 年代,至今成果丰硕,普遍受到各级教育主管部门、各类学校和广大教师的重视。今天,教师专业发展已不再是高高在上的研究课题或"象牙塔"里的"孤芳自赏",而是实实在在地摆在学校和教师面前的非做不可的硬任务,是广大教师身体力行、内心驱动的伴随职业始终的功课。

1. 由职业角色趋向专业认同

过去当一名教师,对职业的看重往往高于对专业发展的看重,以为有了教师的职业就有了稳定的保障,在教师队伍里一干到底,终身无忧,对于如何在专业上不断学习进修,与时俱进地提高专业素质,则往往不会多去思考和实践。这是应该改变的。

（1）改变重职业轻专业的观念

教师看重职业的观念并非凭空而生。当人们为生存而工作时当然会非常看重与"饭碗"联系在一起的职业，当教育还处于与为经济社会紧密服务相脱节的状态时，教师很自然会有不求专业精进而求职业稳定的心理。这种观念过去很长时间占据了教师的从教生涯，直接导致相当一部分教师把职业与专业混淆，把职业生涯等同于专业发展，重职业而轻专业，甚至以职业生涯中与专业不太相关的其他社会工作替代专业成就，专业被变相边缘化。这种本末倒置的情况直接导致教育理念退化、教学质量下降，所培养的学生质量不高，从而影响经济社会可持续发展。

这种状况必须改变。随着社会的进步，教育改革的深入和教育理念的发展，教师职业已不再是"铁饭碗"了，专业发展才是教师职业生涯发展的可靠保障。

（2）在专业发展中充实职业生涯

教师是专业人员，故教师职业生涯的核心是专业发展。教师专业发展的水准决定其职业生涯的完美程度，这才是职业与专业发展的正相关关系。在教育教学改革发展日益深入的形势下，教师的专业素质及其发展势头是其适应教育教学岗位要求极其重要的标志，甚至可以说，除了政治道德要过关这一条件，专业发展状况是教师职业生涯能否继续的最大考验。教师承担教书育人的重任，必须热爱教育事业，要有过硬的专业水准，而过硬的专业水准，必须靠教师日后自觉地不断学习教育理念、教学方法，不断充实专业知识，提高专业能力才

设计

合作

规划

成长

践行

能获得并且保持。教师离开了专业发展,其职业发展也将走到尽头。

汇师小学让教师明白专业发展的重要性,摆正职业与专业的关系,有强烈的专业历练与发展意识并且付之行动,淡化职业观念,强化专业发展理念,还教师专业及其发展本来面目,抓住教师职业生涯最核心的要素,使教师在教育教学工作中沿着正确的轨道前进,成为名副其实的有成就感的教师。

✳ 汇师说法 ✳

魅力教师是永远受欢迎的

语文教师　时慧

办公室闲谈:

教师甲: 现在都关注教育公平化,要扩大优质资源的覆盖面,听说骨干教师将试行"柔性流动",我们学校要和五所学校对接……

教师乙: 从共享单车、共享汽车到共享养老院,共享时代的来临,也一定会影响到教育。未来,从共享课程到共享教育资源,共享教育也将形成规模。

教师丙: 是啊,这对教师的要求也会越来越高了。

在教育领域,"共享"的理念早已随着均衡发展的改革推进日益成熟,在不少地方已经形成均衡发展的科学线路图。相对资源配置而言,财政杠杆只能缩小看得见的办学条件差异。而对于潜在的名优师资,只有使他们流动起来,让队伍"活"起来,让先进的教育理

教师心语: 学术型教师不能满足于简单地"拷贝",用现成的教案、现成的试卷,对教育教学还要有更深的思考。学术型教师不仅有能力上好一节课,更有能力对所任教学科的整个课程设置有清晰的了解,对每个年段目标有准确的把握,不仅懂得科学地教

学，还懂得教学的科学与教学的艺术。

念和教育模式扩延开来，才能在一定程度上消弭校际差距。

不管是过去、现在还是将来，评判一所学校的好坏，师资永远是最重要的标准。现在，打造"师资活水"，实现优质资源共享，已提上议事日程。随着时代的进步，互联网的进一步发展，当有一天，课堂形态被打破，教学更富智慧，学生就可以任意地选择学校，选择教师，更多的教师能受到名师的指点，更多的学生能分享到优质资源，享受到个性化教学。

这时，作为未来教师，首先要提升的，是自己的魅力指数。

提升魅力指数方法一，从拷贝型教师成为学术型教师。教师首先要拥有学科教学的必要知识，形成比较完整的知识体系，不至于对问题一知半解，滥竽充数，误导学生，这是前提。一个教师，以其昏昏，焉能使人昭昭？学术型教师自然需要有更深的学术背景，更厚重的文化底蕴，更强的研究能力，因为贤者能以其昭昭使人昭昭。而且，学术型教师不能满足于简单地"拷贝"，用现成的教案、现成的试卷，对教育教学还要有更深的思考。学术型教师不仅有能力上好一节课，更有能力对所任教学科的整个课程设置有清晰的了解，对每个年段目标有准确的把握，不仅懂得科学地教学，还懂得教学的科学与教学的艺术。学术型教师能胸有成竹地上好每一节课，用自己的学识吸引学生，促使学生更好地学习，也能在未来任何的师资流动中，发挥辐射引领的作用。

提升魅力指数方法二，增加亲和力，让学生乐于接近。"亲其师，信其道"这一古训出自我国古代第一本教育专著《学记》，它一语道破了良好的师生关系对学生的重要影响：能使学生有更好的情绪去面对学习。

教师的亲和力是一种隐性资源，是教师在教书育人各个情境中的思想、情感、语言、行为与学生的融入程度，是教师在身教、言教以及教育活动中所体现出来的让学生感受到的亲切感及可信赖感。

教师只有注重亲和力的培养，才能缩短与学生的距离。这样，教师教学就充满人性，就能创造优良的学习环境，使学生感受人文的阳光，使学习真正成为学生内在的需要和向往，从而跟随教师努力学习。

不管未来的教育形势如何变化，魅力教师永远是受欢迎的。

立足"本帮"课堂　打造"海派"教学

数学教师　顾蓉婷

非常有幸能参加"2017—2018 年中英数学教师交流项目"。这个交流项目得以成立，并成功举办了四轮，背后是英国教育部对整个国家数学教学现状的直面与反省，他们下定决心要做出改变，并真的付诸行动，也已取得了很多阶段性成果。在交流中我得知，英国已经培养了一批数学专职教师，以区域为单位成立了备课组、教研组，并吸收全国优秀数学教师，成立了 National Centre for the Excellence in the Teaching of Mathematics（英国卓越数学教师发展中心）。这些教

教师心语：随着时间的流逝，教材在发生变化，对象在发生变化，环境在发生变化，要求在发生变化，一切都在变化之中。这就需要教师不断学习，更新观念，以

适应不断变化的需要。

师是先行者，他们参与交流，将所学方法与技能应用于自己的课堂，并在区域内执教公开课，对整个片区教师进行培训，以点辐射面，从而逐步扩大影响。

在英国的两周时间里，我看到每一位英国教师都如此求知若渴地想把我们所有的优点都学去时，在感到骄傲自豪的同时，也不禁反思。人家在用实际行动改变教育现状，我们呢？也许上海的小学数学教学已经达到了一个高度，但是这并不意味着我们站在了制高点，我们的教学也一定还有许多不足之处。如何在高原期继续打造教学新世界，我想这是我们这批青年教师所要思考的。

每位教师任职初期都参加了"见习教师规范化培训"，这是教师入职从教的门槛。这个项目能够让刚刚从大学毕业、初上讲台的新教师在最短时间内了解教师工作，进入教师角色。但随着时间的流逝，教材在发生变化，对象在发生变化，环境在发生变化，要求在发生变化，一切都在变化之中。这就需要教师不断学习，更新观念，以适应不断变化的需要。其实，英国做这个项目的目的就是提高教师的专业能力。他们模仿上海教师上课，互相听评课，在实践中提高教师的学科素养。同时，他们也在做课题研究，用一系列科学的"证据"来改善教学方式。虽然英方正在学习我们的教学方式，我们是他们的学习对象，但是我们是否也能吸收他们的优点与有效做法？

比如，未来我们是否也能有一个类似"英国卓越数学教师发展中心"的机构，如"上海市卓越数学教师发

展中心",吸纳全市各个区的优秀一线教师互相学习，交流、分享成功经验，探讨新的问题。这样我们的上课风格可以更加多样，我们的目光可以看得更远。在这样一个机构，除了有公开课的展示，我们还可以有各种形式的交流与学习。比如，邀请全国的数学教育专家做各类讲座，再由这些教师对所在区、所在学校的教师进行培训，这样逐级辐射，使培训效能最大化。再比如，可以有青年教师的教学反思沙龙、本体知识研讨会、集体备课，成熟期教师的经验分享等。在我看来，提高教师业务水平最有效的方法就是不断实践与反思，在体验中成长。让我们从"职前学习"更成功地转向"终身学习"，让教师根据学校及学科情况进行研修，获得生动的、第一线的教学"原料"，为自己进一步提升专业水平打下坚实的基础。

畅想未来，我们立足"本帮"课堂，保留原汁原味的教学好方法的同时，一定也能吸取各方精华，打造富有特色的"海派"教学！

做一名终身学习的音乐教师

音乐教师　潘璐

合唱排练刚刚结束，学生们陆陆续续地走出教室，脸上写着疲惫。有学生问道："老师，为什么这首歌一开始觉得真好听，可是现在越唱越不喜欢了？""嗯，我也这么觉得"……听到这样的话，我愣住了，是什么抹杀了孩子们对音乐最初的喜爱？是什么掩盖了音乐本身的美？

教师心语： 尊重个性，与时俱进，既要因材施教，也要因时施教，在教学中学习，在学习中创新，在创新中发展。

53

　　两年后，五年级学生毕业前夕，音乐教研组办公室的门被轻轻叩响，是五年级合唱团的一群学生来了。"老师，马上要毕业典礼了，我们什么时候排练？"有人应和着："是啊，我好想再练一次声！""不知道中学还有没有这么有趣的训练，唉！"……

　　一周之后，毕业典礼排练正式启动，一个个熟悉的身影重新站在了合唱台阶上；一张张熟悉的笑脸诉说着他们的期待与希冀。音乐响起，随着我的指挥手势，学生们悦耳的歌声在礼堂回响，他们是如此投入，如此享受，如此不舍。从稚嫩到成熟，从胆怯到自信，从好奇到热爱，身为教师的我看着他们一步步成长。此时，从他们身上，我看到了自己的成长与发展。

　　最初，作为初入职场的音乐教师，我致力于用先进的理念引导学生爱上音乐，用音乐提升他们对美好生活的追求。然而，刚走出象牙塔的我不免走入重理论、轻实践的误区，最初的合唱教学略显枯燥，对作品的表现也较乏味，学生们不但不能获得美的享受，还容易产生心理上的排斥。

　　我渐渐地意识到，自己已有的知识并不符合学生的认知水平，也不能满足教学的需求。两年时间的学习、观摩、实践、总结，在不断揣摩和思考中，我尝试改进教学方法，以适应小学阶段学生的认知特点。我领悟到，职前学到的知识与能力不能用一辈子，教师需要不断学习，更新观念，了解学生，以适应现代教育发展的需要。

　　音乐是人类最古老、最具有普遍性和感染力的艺术形式,艺术家罗丹曾说:"生活中从不缺少美,而是缺少发现美的眼睛。"音乐教师扮演的角色是引导学生去发现美的引路人,音乐教师的责任就是激发学生们对美的感知力。如果教师不能做到终身学习,那么,角色和责任只能成为一句空话。

在未来的教学中,我将把终身学习作为一种习惯,进一步提升个人素养和业务能力;把激发学生对音乐的爱好作为教学的动力。尊重个性,与时俱进,既要因材施教,也要因时施教,在教学中学习,在学习中创新,在创新中发展。教学的道路没有终点,只有可持续发展的理念和永不止步的精神。

终身学习,保持教师活力的法宝

英语教师　席维华

我有幸于 1997 年进入汇师小学,在教师这个岗位上已奋斗了将近 21 年。今天,不断发展的社会赋予了"教师"这一职业更重大的使命。在教育走向高效的发展道路上,无论现在还是未来,作为教师的我们都应当具备教师的专业精神。

职前学习固然重要,但即使职前已经取得高学历的教师,其知识与能力也不够用一辈子。社会在不断前进,环境在发生变化,更重要的是我们的教育对象也在发生变化,一切都在变化之中。这就需要教师不断学习,更新观念,以适应变化的需要。记得四年级的英语课上我通过 family tree 来教学有关家庭成员的单词和知识时,学生兴趣浓厚,纷纷表示课后也愿意制作自

教师心语: 教师承担教书育人的重任,必须热爱教育事业,要有过硬的专业水准,而过硬的专业水准,必须靠教师日后自觉地不断学习教育理念、教学方法,不断充实专业知识,提高专业能力才能获得并且保持。

己家的 family tree。第二天，小金同学就带着家谱和他的疑问来找我了，他制作了他家族的家谱，并询问了我许多非直系亲属的称呼。当时我被他问得一头雾水，不知如何解答。之后我查阅了相关资料，并对小金同学的问题作了解释和说明。通过这件事，我感受到学生是活的，生活是活的，因此我们每一天的教学也是灵动的。这就需要教师具有终身学习的观念，要具有积极的学习动机和多元的学习能力，不断适应变化的新课程、新教学和新学生。终身学习是教师保持教学活力的法宝。

教师承担教书育人的重任，必须热爱教育事业，要有过硬的专业水准，而过硬的专业水准，必须靠教师日后自觉地不断学习教育理念、教学方法，不断充实专业知识，提高专业能力才能获得并且保持。汇师小学让教师明白专业发展的重要性，让教师具有强烈的专业历练与发展意识并且付诸行动，学校抓住教师职业生涯最核心的要素，使教师在未来的教育教学工作中沿着正确的轨迹前进，成为名副其实的有成就感的教师。

从关注技能转向关注综合素养

美术教师　刘月华

我是一名职业初期的美术教师。大学毕业后刚踏入学校的时候，我曾以为，凭借自己在大学时期练就的专业美术绘画技能和相关的教育学知识，教小学阶段的学生，简直就是小菜一碟，他们肯定会被我的专业能力和人格魅力所折服。但是现实给我上了一课，刚开

设计

合作

规划

成长

践行

教师心语：现在的学生已经远远超过当年的我们，学生的能力很强，每一届学生的能力都在

56

始上课的时候,我竟然管不住这些孩子,如果用一个词来形容我的课堂的话,那就是"菜市场"。面对这样的现实,我很快就认识到,我的教学经验远远不够。

之后,随着教学经验的积累和对学生的不断了解,我发现这样一个问题,现在的学生已经远远超过当年的我们,学生的能力很强,每一届学生的能力都在随着时代的进步而不断提升。这就告诉我,教师应该持续不断地学习,钻研专业知识,提高专业技能,以适应学科任教与自身的发展需要。

那么,美术教师应该如何规划未来的发展呢?我认为是提高教师自身的综合素质,全面发展,不断提升自身能力。我学的是艺术教育专业,在美术方面主要学习油画和各类美术史论,同时对音乐知识也有一定的了解。照理来说,这样的专业背景,足够我应对基本的教学需要。但是,有一天,我碰到了这样一件事:一个对美术很感兴趣的学生来问我:"刘老师,你会沙画么?"这个问题着实让我大吃一惊,首先是感叹学生的知识面越来越宽,其次是发现自己关于沙画的认识仅限于知道,对于怎么操作却完全不了解。这时,真感叹自己的综合素质和能力还是有所欠缺。

这件事给我敲响了警钟,同时也给了自己对未来专业发展的一些启示。未来美术教师的发展趋势应该由重教学技能转变为重综合素养,应该改变重视技能而轻视综合素养的现象。以我自己为例,在大学中练就的绘画技能是我最引以为豪的,但是在实际教学中,我发现小学美术教学更多的是要给学生们打开美术世

随着时代的进步而不断提升。这就告诉我,教师应该持续不断地学习,钻研专业知识,提高专业技能,以适应学科任教与自身的发展需要。

57

界的大门，小学美术教师应该是学生美术学习的启蒙者和引路人，应给他们多样的选择和一些入门指导。这就需要教师自身有着较高的综合素养，什么都要懂一点，什么都要会一点，这样教师在实际教学中能给予学生的指导也就更多，能更自信地让学生选择自己感兴趣的学习方向并加以指导。当然，强调综合素养不是排斥教学技能，因为教学技能也是综合素养的内容之一。

未来教师的身份转变

语文教师　曹樱子

受信息技术快速发展的影响，教学模式也在不断地变化，这给人们带来了新的迷思：云技术使得学生的学习不再受时间、地点的限制，他们随时可以下载学习资料，观看教学视频，展开线上讨论，进行学习，那教师还有存在的必要吗？

优质教学的实质是面对面的，生动的，情绪智力发展上的，发生在教师和学生之间的多向互动。而网络学习平台、网络课程并不能给学生提供这样珍贵的学习体验。这也是教师无法被取代的原因。

不断变化发展的教育理念、教学策略与模式对教师个人的知识技能、专业素养提出了更高的要求。首先，教师必须具备扎实的学科知识、比较完整的知识体系，才能在课堂中对学生提出的问题给予恰当的引导和较完备的解答，才能在评价学生的回答时一针见血地点出关键所在，帮助学生领悟知识要点，发展思维。

教师心语：未来，如何将教师自己头脑中的知识传递到每一个学生的头脑中，是教师需要倾注心力的关键地方。这要求教师在个人学习、工作、生活过程里，不断积累、总结经验，学习新的教学方法，反思、总结教学策略，成为一名优秀的教学活动设计师。

58

　　过去,拥有渊博知识的教师自然能够得到学生的尊重。未来,如何将教师自己头脑中的知识传递到每一个学生的头脑中,是教师需要倾注心力的关键地方。这要求教师在个人学习、工作、生活过程里,不断积累、总结经验,学习新的教学方法,反思、总结教学策略,成为一名优秀的教学活动设计师。教师需要更多地去思考:要让学生知道、理解、运用、巩固、拓展某个知识点,应该设计什么样的学习路径。而在课堂中,教师和学生之间的双向、多向互动会不断产生新的生成。这些生成才是不断推进学生深入学习的关键。当学生有了好奇心,产生了概念偏差、无法解决的问题时,教师才能有的放矢地及时传授知识点,纠正学生的迷思概念,设计其他学习路径来解决问题。这些不仅仅对教师的知识储备提出了要求,更对教师的应变能力、沟通能力、课堂组织能力提出了更高更严的要求。

　　可以看出,未来教师的身份会发生巨大转变,教师将是集多种角色于一身的专业人员——知识传递者、学习活动的设计者、引导者、促进者、协助者……

用学科专长,助推班主任工作

自然教师　周琦

　　自然课上即将要上的新课是有关种子发芽的内容,所以我提前给学生布置了一项长期作业——观察种子的发芽。

　　上课前几天,手机一阵轻轻的振动,是班级微信群里一个家长发了一张照片,照片上是几颗已经发芽的

教师心语: 学生的好奇心是我们自然课教学中反复强调需要呵护的,家长所看重的品质与能

力，也是我们自然课教学中注重让学生养成的。

小绿豆芽。之后，又有几位家长陆续发了自家种植的豆芽照片。

上课的时候，同学们几乎都带来了自己的豆芽。

好几天之后，有一位家长也发了照片，很开心地附了一句："我们的豆芽也终于发芽了。"

看到照片，我心里非常感动，也十分感慨。由于学校工作需要，五年前我接任了班主任工作。长期在自然教学专业上钻研，也取得了一定成绩的我，对于班主任工作，几乎是一个新手。对于能否处理好班级事务，能否应对家长的各种要求，我完全没把握，因此心中真是忐忑不安。但是既然接下了这项工作，就一定要努力做好，这是我对自己的要求。

初期，我经常向身边那些长期担任班主任工作的同事请教。同时，我也参加了网络班主任教研培训，阅读了一些书籍，如《第56号教室的奇迹》《教育的智慧》《做最好的班主任》等，将书本上的理论或案例与实际联系起来，在班主任岗位上不断摸索与实践。

作为班主任，我和班级学生相处的时间明显多了许多。在和学生朝夕相处的过程中，我看到了学生对大自然的好奇，感受到他们对自然科学充满喜爱的心情。在和家长的交流中，我才知道现在的家长在重视学科知识的同时，也非常看重孩子坚毅的品质和探究合作的能力。学生的好奇心是我们自然课教学中反复强调需要呵护的，家长所看重的品质与能力，也是我

设计

合作

规划

成长

践行

们自然课教学中注重让学生养成的。这些发现使我意识到，作为班主任，在处理班级事务，做好学校和家长沟通的桥梁之外，也许还可以将自己的学科专长用于班主任工作中，打造具有自己学科特色的班级集体。

有了这样的想法后，我开始陆续在班级尝试开展"蚕宝宝的一生""小蝌蚪观察日记""天气变化""种子的发芽"等活动。在活动中，小朋友们表现出浓厚的兴趣，我们的家长也在各方面给予大力支持，对孩子们长期坚持记录这一行为给予鼓励。家庭之间也互相分享各自的经验和成果。在这样的氛围下，学生的观察能力和记忆力明显得到了提升，我希望看到的科学能力和科学精神也在学生们平日的谈话与学习中有了体现。我欣慰，我班上的学生开始喜欢科学了，一个良好的班集体也形成了。回想这些活动的开展，我深感当初的决定没有错。

教学无止境。不断学习新的知识，思考存在的问题，总结自己的经验教训，才能形成自己的教学特色，走出有个人特色的教育之路。

展望未来，作为肩负班主任责任的自然学科教师，我要学习的东西还有很多很多。其中，如何充分利用自身资源、学科优势、掌握有效的沟通策略，进一步做好班主任工作，还需继续探索。

2. 由结果导向趋向过程培育

结果经由过程而产生，不同的过程会有不同的结果。教师教育教学的理念、方法、情感、知识与技能运用等专业方面的细节轨迹都会在过程中呈现出来。

（1）改变重结果轻过程的做法

重结果轻过程的现象比较容易存在的原因大致有：一是怕麻烦图省力，不管过程怎样，只要求得预期效果就行；二是由于受长期习惯思维影响，不重视过程与细节的科学方法，"不管白猫黑猫，能抓住老鼠的猫就是好猫"，有时歪打正着也能出好结果。但是这种不重视过程的结果是不可重复、无法持久的。重视过程和细节能帮助教师养成仔细观察、善于发现问题的习惯，把可能出现的问题消灭在萌芽状态中，中止在过程的进程中。

（2）要在重视过程中追求结果

重视过程并不是说过程是目的，只要过程完美就可以，而不用在乎结果。正确的做法是，在重视过程的同时追求预期的结果，这个过程是可控的、可调整的，以达到过程与结果的统一。

汇师小学在课题研究中进行的调查研究，对数据进行分析整理，发动核心组、教研组进行大讨论，全员制订"教师个人发展三年规划"等工作，就是落实教师专业发展的具体步骤与过程，在研究进程中对出现的问题随时加以研究，提出改进措施，以期得到教师专业发展的设计目标。

设计

合作

规划

成长

践行

＊ 汇师说法 ＊

登峰望远，为知而行

自然教师　叶洲

教师的成长由知与行建构，为知而行，以行促知，两者相辅相成。三年成长的收获来自自身对知与行的实践，更来自对三年目标的确立。

一、势拔山麓，灵不炫奇

欲观山之雄伟，需起步于山麓。教育者成长的基石则是恪守岗位基本职责，而非追逐绚丽多彩。从2013年起，我开展以学生为中心的教育教学实践与研究，主要以提高学生科学素养及课堂参与率为目标，仔细研究并设计每一次教学，与学生共同建造科学世界。这是三年目标中的第一部分。

我发现不同阶段的学生参与课堂的激发点不同。依据皮亚杰认知发展理论，小学生的认知正处于具体运算阶段，这一阶段的儿童对事物的认知正从具体思维向抽象思维发展，处于发展过渡时期，其抽象思维活动更需要具体内容与活动的支持，并且高低年级所需的活动与内容又各不相同。

因此，在课堂实践中，结合理论发现，我不断地设计适合学生的活动，提高学生的参与度，从而促进学生科学素养的提升。例如根据低年级学生好动的特征，上课时采用动一动、跳一跳、演一演等活动，学生们在丰富的活动中踊跃参与；又如根据高年级学生批判性思维更强，对社会、科学技术、转基因、克隆等感兴趣等

教师心语：教育者成长的基石则是恪守岗位基本职责，而非追逐绚丽多彩。

63

特征，课堂可采用辩论赛的方式，全体学生都参与其中。

二、身临其境，曲径通幽

拾阶而上，身临其境，必遇曲径可通幽之境。第二部分是建立课题研究方向并运用于课堂实践。其间，我完成了三个课题研究。

我开展的第一个课题研究是《马斯洛理论与小学自然教学实践中的研究》。我将马斯洛理论运用于小学自然教学中，解决因需求得不到满足而出现的问题。学生的学习兴趣因此提高，学习效率因此提升，真正做到了"学会思，学会说，学会做"。

第二个课题研究是《从学生的自我认知出发改善其创新意志品质》。运用威廉·詹姆斯自我认知理论分析学生的自我认知后，我发现了学生创新意志品质欠缺的根本原因，依此原因提出相应措施。通过统计分析及学生自主创新能力的反馈，以及学生在青少年创新大赛中获得的成绩，证明本次实践是成功的。

第三个课题研究是《提高学生科技知识运用能力的实践性研究》。本课题是基于前两个课题研究，由自然教研组集体参与完成的实践性研究，旨在解决学生科技知识运用能力欠缺的问题。

研究过程中，我将研究结果运用于课堂之中，和教研组的同事一起讨论，与学生们共同实践、共同研究，多次开设公开课，如市级的《大自然老师》《水的压力》，校级展示课《绿萝的扦插》《复合材料》《人的进化》，以及在海南支教时期上的省级公开课《生物的多样性》。

每一节课都渗透了研究的成果,当与学生在课堂中相视而笑,当看到学生们满怀研究的热情,捧着一个个小发明说得头头是道时,我看到了曲径之后的桃林,幽僻之处的阳光。

三、日月交辉,千峰连绵

冬去春来,日月辉映,终达峰顶,谦视百转千峰。以学生为中心开展能够发展学生科学素养的科技活动,搭建学生学习的平台,是规划中的第三部分。

富有理念的教学与活动使学生在科学素养、创新意志品质等方面获得不断成长,他们变得更关注科学也更关注生活,经常将课堂中、活动中学到的知识与生活实际相结合,从他们的角度对生活进行改善,不少学生的研究成果还获得上海市青少年科技创新大赛奖项。乐于对生活进行研究的学生越来越多,这是我三年内最大的收获。

其他的收获:依托课题撰写的论文《马斯洛理论与小学自然教学实践中的研究》与《从学生的自我认知出发改善其创新意志品质》分别发表于《新课程研究》与《华夏教师》,在海南支教期间开展的相关讲座获得各方教师的共鸣。与此同时,按照三年规划的脚步,自身在职称上有所收获,于2016年申报高级职称并顺利通过审核。

四、浮云空碧,山外青山

望峰峦之喜,引浮云遮蔽之忧;待云散之时,唯见山外亦有青山。三年规划的完成并非教学的终点,而是又一个起点。

依据以学生为主的科技教育凸显的教学方法需求，在未来的五年中，我将制订合适的规划目标，包括对学生学习过程与收获的评价方式的研究，现代社会技术与科学课堂教学结合方式的策略性研究，以及对科技活动校本课程编写的初探，以此展开新的旅程，为登上下一座高峰做好充分准备。

3. 由倚重知识趋向提升能力

对教师来说，知识与能力好比其双臂，两者都不能偏废。知识是基础，能力是应用知识的本领。知识不扎实，能力是虚架子；能力不行，知识只能孤芳自赏。所以，要正确认识两者的关系。

（1）改变重知识轻能力的做法

传统的观念是教师的知识重于其能力，评价一位教师的教学水平，往往首先看他的学历、职称，然后看他的教学效果和带班效果。学历、职称固然是衡量教师教学水平的一个重要方面，但这只是教师知识体系的衡量指标之一。能力也是衡量教师专业水平的一个重要因素。将知识转化成能力，演绎为受众能够接受、消化的东西，是一大学问，是教师专业发展需要解决的重要问题之一。

（2）提升获取及转化知识的能力

教师首先要拥有学科教学的必要知识，形成比较完整的知识体系，不至于对问题一知半解，误导学生，这是前提。因此，教师提升获取知识能力的同时，也要提升转化知识的能力。一些现象很能说明问题，有些

66

教师的教学效果一时难有起色,究其原因,不是因为他的学科知识不够,而是知识转化能力不足,"说故事"的本事欠缺,结果就是学生听起来乏味,效果打了折扣。能力对教师非常重要,教师各方面的快速进步成长,其实都与能力有关,即与教师转化与应用知识的能力与技巧有关。因此,提升能力是教师专业发展的重点之一。

汇师小学教师专业发展的规划设计,强化教师专业能力的提升,备课组加强理论学习、教学业务与技能的研修等措施,都是着眼于帮助教师提高教师专业能力,因为能力不足会成为教师专业发展的瓶颈。

∗ 汇师说法 ∗

认真做好个人规划,提升专业发展能力

语文教师　金颖

时间过得真快呀,又到了制订"教师个人发展三年规划"的时间了。时光荏苒,在汇师小学工作已有十五个年头了。这段时光真让人难以忘怀,而我也从中真切感受到,在学校的帮助下,规划好自己的工作,踏踏实实去执行,对于提升专业发展真是益处良多。

在十多年的工作中,我慢慢熟悉了教学工作,也被身边敬业爱岗的同事们深深感染。当拿到自己第一份"教师个人发展三年规划"时,我毫不犹豫地将提升教学能力作为自己的重点努力方向,我愿意用青春和汗水,像我的前辈一样,在三尺讲台上学习着,耕耘着。

教师心语:规划好自己的工作,踏踏实实去执行,对于提升专业发展真是益处良多。

67

在之后的日子里，我按照自己制订的发展规划不断努力着。我没有停止过业务的学习。钻研小学语文教材，阅读各种刊物，是我经常做的事。每一次的区级、市级公开课，学校都鼓励我们青年教师去听课学习，学习别人新的教育理念，以便更快地适应教学，更好地成长。学校还努力为我们教师营造读书的氛围，鼓励我们阅读教育教学名著，向教育大师们学习、取经，有时要摘录一段读书笔记，有时要写一段读书心得，这些都使我受益匪浅。而这一切都被我记录在"教师专业发展电子档案袋"中，作为珍贵的教学资料保存了起来。

渐渐地，曾经那个一脸稚气的我多了几分成熟与稳重。在教学上，我注重培养学生的创造力，不断提高学生的语文素养。一学年一次的青年教师展示比赛，在我看来是一个自我蜕变的过程：在磨课中我掌握了教学要领，规范了课堂言行，夯实了教学功底。上区公开课的任务，又让我倍加珍惜，并将之作为一种挑战去完成。为了上好一堂课，设计出更好的教学流程，让学生得到更多的收获，我反复修改教案，上下班乘车时，课间休息时，吃饭走路时，我都在脑中不断构思，反复设想，力求做到最好。

与此同时，学校也为我们青年教师搭建了广阔的舞台，对我们进行多种形式的培养，让我们做自我发展的主人，让我们直面各种较量：进行教学改革科研，开发校本课程，积极撰写论文，参与课题研究，参加教学比赛。通过一次次实力的较量，我们做到了教与研的结合,思与行的统一。这些努力与实践、历练使我能在终期考核中,自豪而又骄傲地在个人专业发展表上填上"达成"两个大字。这两个字的背后是我的心血与汗水,也是同事们的鼓励、帮助与指导。

十五年的历练让我从一个青涩的青年教师,逐渐蜕变成一个能独当一面的专业教师。感恩汇师,感恩师友,感谢自己。

4. 由教学技能趋向综合素质

教学技能是教师必须具备的一种教学能力,教学技能不行说明教师不能胜任教学工作。但是教师光有教学技能还不够,还应追求综合素质的提升。

(1) 改变重技能轻素质的观念

教师往往比较重视教学技能,得意于自己具有一技之长,在教学上有较好的课堂效果。因为技能是显性的东西,容易看得见,效果明显,所以为教师乐道。而素质不易张扬显露,故有时为一些教师所忽视。综合素质高的教师教学技能也是过硬的,反之则不一定。要克服一技足已的观点,着重培养与提升综合素质。

(2) 提升综合素质下的教学技能

强调综合素质不是排斥教学技能,而是期望在提高综合素质的同时注重提升教学技能。换言之,教学技能也是综合素质的组成之一,而且是其重要的组成部分。综合素质的高低最终要体现在教学实际中,教学技能大有用武之地。

汇师小学的教师专业发展很好地处理了综合素质

的提升与教学技能发展的关系，让教师在层层推进下制订个人发展三年规划与进行专业水平描述，设计与使用"教师专业发展电子档案袋"，是汇师小学满足两者共同发展、互相促进的例证。

＊ 汇师说法 ＊

规划，助我提高专业能力

英语教师　陈鹰

匆匆间，我已经在三尺讲台前度过了二十八个春秋。在这二十八年里，我从一名稚嫩的职初期教师成长为徐汇区的英语学科带头人。在自己的成长道路上，我也曾有过迷茫和不知所措，但借助学校的研究项目，通过两轮的"教师个人发展三年规划"的制订，我自己的目标越来越清晰，道路越来越宽广，专业水平不断得到提升。

一、宝剑锋从磨砺出，梅花香自苦寒来

1999 年，我来到汇师小学。我看到自己与区内其他优秀教师在个人素养、课堂教学等方面的差距，也体会到了区域教研侧重的不同。如何尽快融入学校和区域教研这两个新的环境是我面临的一大问题。在区域层面，各种高质量的培训活动，一次次区级公开展示的机会，缩小了我与区内优秀教师的距离。2008 年，我顺利地评上了中学高级教师。如何让自己进一步提升？如何打破瓶颈，使自己向更高的领域发展？当时学校正开展"教师个人发展三年规划"的制订工作，我认真

教师心语：在多年的教学实践中我认识到，对教学目标的制订和分解，对教学文本的处理，对教学活动的设计，对教学细节的打磨，都会影响到一节课的课质、课貌和课效。

合作

规划

成长

践行

70

分析了自己的现状，重点从专业知识、教学能力和教科研能力三个方面制订了分年段目标。

在这期间，我先后两次参加了市"双名工程"小学英语名师基地的学习，并根据自己在三年规划中制订的目标，结合基地的培训开展理论学习，积极参加各级各类培训，聆听诸多专家的讲座。这些高质量的讲座让我拓宽了视野，接受了先进的教育教学理念，了解了学科的前沿知识。我还选择了"与英语新课程同行"教学系列丛书、《布卢姆教育目标分类学》《学习质量评价——SOLO 分类理论》、英语原版教学书籍 *Teaching English in the Primary Classroom* 进行自主学习。理论书籍的阅读和学习，大大提升了我对二期课改英语新课程的认识，使很多原本模糊不清的想法开始变得清晰，为自己在新课程改革中的教学实践提供了很多理论支撑和可操作的借鉴，为实现自己的规划目标奠定了基础。

二、博学而不穷，笃行而不倦

在多年的教学实践中我认识到，对教学目标的制订和分解，对教学文本的处理，对教学活动的设计，对教学细节的打磨，都会影响到一节课的课质、课貌和课效。带着问题，我在三年规划中为自己在教学能力提升方面制订的目标，一是围绕"基于课程标准的单元整体教学的有效设计"开展研究和教学实践，二是指导和培养更多的青年教师成为教学骨干，以此带动自身教学能力的提升。在课堂教学中，我运用实物图片、文本、影像媒体等媒介来创设语境，精心设计各项技能性语义功能的训练，从机械性训练到意义性训练，从单项训练到综合运用的训练，以语境、语篇带动语言内容的理解和学习，关注培养学生的综合语用能力。在教学中，我还关注每一个细节的处理：推敲教学环节之间的衔接，琢磨每一项学习活动的推进，关注每一位学生的参与及表现，思索每一处仍需改进的教师行为和教学语言。

在积极开展课堂实践的过程中，我还与教研组的同事一起围绕"基于课程标准的单元整体教学的有效设计"开展了一系列的听课、评课和研讨活动。每一次研究课我都和同事们一起磨课。从目标的确定、文本的处理、语言训练的推进、情感的体验到教学环节之间的过渡语都要细细揣摩。在评课中，我也借鉴了名师基地的做法：只讲问题。上课老师反思自己的教学行为，听课老师对课堂教学活动中的问题进行剖析、讨论和研究。这样的研究方式能促使双方教学技能、教学智慧、教学思维能力和研究能力同步提高。

三、百尺竿头，更进一步

随着自身教育思想的不断成熟，我逐渐认识到，要想成为一名专家型教师，光有扎实的教学基本功是不够的，还应该有较强的教科研意识和能力。因此，在"教师个人发展三年规划"中，我将提升教科研能力作为重点。基于"教师个人发展三年规划"中的教科研能力目标，我积极参与市名师基地主持人的教师培训方案《小学教学设计》的编写工作，在导师的指导和带领下，完成了其中"调节性活动"这一章节的编写工作；在

由基地主持人共同主编的《我的学科教学第一年——小学英语见习教师培训手册》中,我完成了"我应该怎样开展对中、高年级学生的学习评价"这一章节的撰写。此间,我还参与了国家教育部课题"中小学学科教学关键问题实践研究"中的"小学英语关键问题的研究",并撰写了"如何根据图、文语境,写练活动,培养学生规范写句的能力"。在参与一个个课题研究的过程中,我认真学习教育科研的理论和方法,接受导师一对一的指导。现在,徐汇区正在推进"基于课程标准的区域性转化的实践研究",我也积极地投入到研究中,由我主持的课题"项目式学习和评价在小学英语教学中的实践研究",作为徐汇区小学英语正在开展的项目研究"构建任务链式小学英语课程实施体系的研究"的子课题,主要研究和探索"一体三系"的评价体系中任务结果评价工具的开发和使用。此课题现已申报成为区级课题,我目前正带领全校英语教师积极投入研究中。

新一轮的五年规划制订工作已经开始,在目标的指引下,在个人规划的鞭策下,我会坚持不懈地在小学英语教学这条道路上继续走下去,努力成为一名真正的名师。

5. 由职前学习趋向终身学习

职前学习是教师入职从教的门槛,终身学习是教师保持教学活力的法宝。

(1)改变重职前学习轻终身学习的观念

职前学习固然重要,但职前取得高学历,并不代表其知识与能力够用一辈子。学情在发生变化,对象在发生变化,环境在发生变化,要求在发生变化,一切都在变化之中。这就需要教师不断学习,更新观念,以适应发生了变化的需要。

(2)养成终身学习的良好习惯

终身学习应是有选择性的学习,依据是可持续发展理念。在学校环境中,教师的专业发展与学校发展目标保持趋同,终身学习应根据这个目标在每一个阶段安排适当的学习与实践,始终与学校发展目标保持一致,这是教师专业发展最大化的有效方法。

汇师小学除了做好常规的教师培训外,还有大量的其他学习活动,如以教研组、年龄组、备课组为依托进行校本研修,让教师根据学校及学科情况进行研修,获得生动的、第一线的教学"原料",为自己进一步提升专业水平打下基础。

＊ 汇师说法 ＊

个人发展规划——成长中的"益友"

英语教师　曹卉悦

我进汇师小学工作已经九年了。九年来,我一直努力着,但是"教无止境",怎样才能让自己更好更快地成长和发展呢? 正当我彷徨时,学校让我们每一位教师根据自己的情况自行制订"教师个人发展三年规划"。我作为一名英语学科教师,也积极投入其中。随着时间的推移及个人发展规划的落实,我得益不少,体

教师心语: 我逐渐认识到课堂教学是一门高深的艺术,要上好每节课,不下功夫是不行的。

会颇多。

一是个人发展规划能够让人坚持自我，始终如一。作为一线教师，要做好教学工作，首先要研读课程标准。在"专业知识"板块中增加阅读课程标准，能使自己的教学不偏离航道；同时跟随专家的引领，品读专家的著作，为自己的教学增添一股"仙气"。每年有计划地阅读，定期翻阅书籍，坚持自己的阅读习惯。我逐渐认识到课堂教学是一门高深的艺术，要上好每节课，不下功夫是不行的。我的个人发展规划中包括优质课的观摩，这些观摩使我能够"取其精华，去其糟粕"；规划中也包括撰写优质评课稿，这可以让我不断地督促自己；规划中还包括要撰写有质量的反思，这也让我不断提醒自己。

二是个人发展规划能够改变自我，树立自信。曾经的我一上台就会满脸通红，很容易紧张。依稀记得第一次家长开放日，手脚发抖的我站在一群五年级的孩子面前不知所措，孩子们的"自由讨论"主导了我的整堂课。而现在，风趣幽默的上课风格已然是孩子们喜欢上我的英语课的理由。"每一次公开课，都是对自己的一次超越。"这是我印象最深的一句话。确实，它对促进教师专业发展具有特殊意义。曾经有教研员老师说，我的专业能力是随着公开课的开展而发展的，从徐汇区英语男教师专场比赛到金山区联合教研活动的展示，到全国展示课的录像，再到现如今名师基地的研究课探索，这一系列的公开课，其实也是为实现规划中所设定的目标而作出的努力。

三是个人发展规划能够让我挑战自我，知难而进。规划中的目标虽然有些要求比较高，但我感到，作为年轻教师，应该逆水行舟，知难而上。记得在 2016 年制订的"教师个人发展三年规划"中，我在"专业知识"一栏写上了"完成硕士学位"，那就意味着在 2016 年底，我需要完成硕士论文的撰写。对平时教育教学工作已经很繁忙的我来说，这无疑是一个挑战自我的目标。面对困难，应该抱着积极的心态去挑战自我，这一规划鞭策着我向前迈步。令我感到欣慰的是，在 2016 年的暑假期间我就完成了硕士论文的初稿，提前完成了当时设定的目标，我体会到了成功的喜悦。

四是个人发展规划能够让我完善自我，扬长补短。每个人都有自己的不足，我们要通过各种途径来逐渐完善自己。每次做新规划时，都需要总结上一轮规划的落实情况，对自己的不足与未达成原因进行分析。在分析完自己的实际情况后，扬长补短，设定新的目标，使之符合自己的专业成长规律。在第一轮"教师个人发展三年规划"的"专业知识"板块，我设立了"为电影配音"这一目标。但是由于自己的语音并不能较好地与电影中原汁原味的语音进行匹配，并且自己的录音设备也不能很好地满足辅助录音的要求，因此在完成此项计划时，我遇到了不少困难。虽然我最终还是完成了此项计划，但是与自己想象的完全不一样。所以针对自己的实际情况，在下一轮的规划中，我设定了"模仿《大学正音》一书的语音语调"这一目标，以改进自己的不足。

6. 由教学驱动趋向育人研究

教学驱动是任务型的,着重于把课上好,完成任务。育人研究是目的型的,着重于把学生教好,在做人方面、学习方面完善学生。

（1）改变重教学轻研究的做法

教师重视教学是天经地义的,因为教学是教师的首要工作,通过教学实现教师价值,学校通过教师教学完成教学目标任务。但有些教师认为教学是工作,是必须认真对待的工作,把教学工作做好了就可以了,而科研、教研是额外的任务,可有可无,不做、少做都无关紧要。而且,有这种想法的教师不在少数。要解决这个问题,首要的是要让教师认识到科研、教研在教学工作中的作用和对教师专业发展的重要影响。教师做研究能有助于其反思教学现象,发现教学问题,学习新的教学理念和方法,总结提炼自己的教学得失与经验,是保持较高教学水平的有效方法。

（2）主动参与研究,提升育人效果

新教师由于要积累教学经验,所以工作重心以做好教学工作为主,要全身心投入教学工作,这是正常现象。但是过了这个阶段,他们往往会产生教学水平停滞不前的"高原"现象,这就需要借助研究来提升自己,以课题（最好能在自己教学实践中碰到的问题中寻找）为载体,静下心来进行研究,并与老教师或同事共同交流,有针对性地找出自己问题的症结所在。发现问题了,有了改进的方法,教学水平就有提高的可能。教学水平高、能力强的教师,其科研、教研成果也颇多,这是用对了方法、下了功夫才有的结果。

汇师小学在学校发展的重要关头，认识到教师专业发展是教师所有发展中的核心内容和关键因素，是学校发展中师资队伍建设的基础性与关键性保证，因而开展了很有声势的"目标规划和管理导向下的教师专业成长研究"的课题研究，从规划、架构到具体措施，从层层推进的三级机构到具体的教师，系统而全面，借以解决教师专业发展的目标、动力、方法、效果问题，推动学校可持续发展。

＊ *汇师说法* ＊

教师，不仅教书，更要育人

语文教师　夏毓卿

社会对教师的要求，不仅仅是教书，更要育人，要培育全面发展的学生。对小学教师也有特定要求，这从其定义即可看出。"小学教师"是指"对学生在学业上启发善诱，思想上开智引导，做人上无私教导，生活上关怀备至；对自己在工作上严格要求，行为上躬行垂范，业务上追求卓越，事业上崇尚奉献，待遇上坦然对待的履行小学阶段教育教学职责的专业人员"。

作为一名新班主任兼语文老师，我工作时间虽然不长，但深深感到，在关于"小学教师"特定的含义中，思想上开智引导学生非常重要。作为教师，培养学生良好的思想品质，可以渗透在每篇课文的教学中，也可以体现于教学工作的其他点滴中。在讲授《特别的作

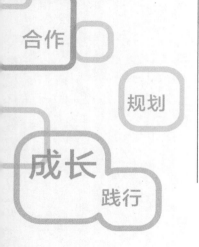

教师心语：社会对教师的要求，不仅仅是教书，更要育人，要培育全面发展的学生。

业》后,我也让全体学生完成了一份"特别"的作业:写下身边一位同学的闪光点。第二天,我收到了这样一份作业,一位学生把全班所有同学的闪光点都一一写下,一个不落。从字里行间,能看出她并非临时写来充数,而是平时从点点滴滴中观察发现了每个小朋友的优点。当我在全班逐一朗读这份作业的时候,无论是成绩不佳的学生,还是调皮的学生,每个人都听得格外认真。这份作业温暖了同学,也温暖了我。这份作业反映出这位学生能时刻关心别人,善于发现他人的优点,更重要的是,这份作业启发了班级其他同学平时也要多关心别人,要懂得赏识他人的闪光点。原来德育也可以如此简单。

作为教师,要时刻抓住时机履行教育教学职责,帮助学生成为德才兼备的人,这样才能培养好社会主义事业的建设者和接班人。

7. 由学科知识趋向专业素养

学科知识是教师必备的从教资本,教师看重学科知识也是应该的,但是不能太偏重,以为只要有扎实的学科知识就可以应对教学工作了。教师除了要掌握学科知识,还要有较高的专业素养。专业素养是比前者层次更高的一种专业境界,跨越了学科知识的藩篱,上升为一种要求更高、更全面的专业素养。

（1）改变重知识轻素养的观念

知识容易被人们重视,因为知识是教师通过职前苦学、职后培训或自学习得的,来之不易,受到教师的重视。它往往以学历、资历来衡量。而专业素养不易衡量，也不是短期能够练就的，因而容易被忽视。其实这是不利于教师成长的。缺乏专业素养，会成为学科知识进一步丰富的掣肘，最终会成为教师专业发展的"拦路虎"。

（2）追求专业素养统领下的学科知识

教师应加强专业素养提升意识，自觉地通过各种途径培养、提高自己的专业素养。专业素养首先体现为有专业思想及正确的理念，为教师专业奉献的崇高理想。在正确的理念和为教师专业奉献的理想的指引下，具有孜孜不倦的教学钻研精神和勇攀事业高峰的气概，唯有如此，教师的学科知识和其他知识的保持与增进才能有明确的目的性和可持续性。

汇师小学课题把教师专业发展的专业素质提到了非常重要的位置，与之相关的系列措施中都强调教师专业素质的提升，并确保教师学科知识得到有效发展。

＊ 汇师说法 ＊

做一个明明白白的教师

语文教师 刘汝敏

弹指一挥间，又一个三年要过去了，又一轮"教师个人发展三年规划"即将进入尾声。我问自己："如果用一个词来形容自己这三年学习、工作的最大感悟，我会用什么词？"提高？太笼统。收获？太普通。辛苦？太片面。改变？又太抽象。闭上眼睛，我细细地搜索：

教师心语：作为一个有追求的青年教师，只有努力去做一个明师，才能终日忙碌却不觉得辛苦。

喜悦、智慧、领悟、勤奋……一个个词从脑中飞过。突然，我想起了北京师范大学王蔷老师曾经说过的一个词：明师。对，就是它。三年来，我最大的感悟就是：脚踏实地，学做明师。在"教师个人发展三年规划"的引领下，大到教育理念、个人发展，小到研究实践、教学细节，我做每一件事，都要做到让自己清清楚楚、明明白白。借助个人规划的制订，我为自己树立了明确的发展目标。正是这些目标，指引着我不断理清自己的职业规划，不断实现着专业成长。

做明师，明在向书本的讨教中。一直深深地记得那个课间：当一名学生指着语文书中的一首诗歌问我，为什么这首诗的开头参差不齐，和以往学的不一样时，我因为不了解闻一多的"三美"理论而支支吾吾，底气全无。那一刻我深深地感到，知识储备对教师来说是多么重要。于是，多读书，读好书就成了我个人发展规划中重要的组成部分。

三年来，我让自己徜徉在书海之中。每天30分钟的阅读雷打不动，无论有多忙，无论有多晚，都不会例外。我读《上海市中小学拓展型课程指导纲要（试行稿)》《义务教育语文课程标准》，明确学科定位和要求；读《上海教育科研》，学习撰写科研报告的基本方法；读《薛法根语文教学艺术》，了解名优教师的成长轨迹；读《哈佛教授给学生讲的200个心理健康故事》，尝试用心理学的方法让自己的教育教学变得更富艺术性。

正所谓"腹有诗书气自华"。渐渐地，我在课堂上也能旁征博引了，驾驭课堂越来越游刃有余了，课堂语言丰富了，课堂容量也增加了。我惊喜于书本带给我的改变。于是，读书不再是要求，不再是负担，而成了需求，成了习惯。与书本对话，让我在困惑的时候，得以顿悟；在迷茫的时候，得以静心。是的，因为读书，我更加了解自己的不足，更加明白学习的重要性。

做明师，明在积极的实践中。与书本对话，固然可以让我有所思，有所得。但是，"纸上得来终觉浅，绝知此事要躬行"。实践才能出真知。想做明师，那对自己究竟要做什么，要怎么做，就一定要有准确的定位和清楚的认识。

都说现在的教师要有课程意识，要站在课程的高度来看教学，可事实上，教师们的课程认识能力、课程开发和实施能力亟待提高。我对自己说，这是不足也是挑战，是困难更是机遇。成长就是要突破自己。

恰逢徐汇区当时正在大力推进"徐汇区小学'种子校'课程质量提升工程"的项目。作为种子学校的课程负责人，我很荣幸有机会参与其中。于是，我将个人的发展愿景和区域重大项目整合起来，一同写入"教师个人发展三年规划"中。"种子项目"每一次的培训对我来说，都是一次难得的学习机会。从开始时的一头雾水，到后来的茅塞顿开；从开始时听到教授提问就害怕，到渐渐地也可以和教授进行互动；从开始完成作业时的困难重重，到最终在华东师范大学的专家指导下，完成了"学校课程规划方案"，并代表学校就"如何编制学校课程规划方案"向兄弟学校的校长和课程负责人作了介绍，真的是一次一次蜕变。虽然在编写上述方

案时曾经历了七易其稿的艰辛,但是整个实践过程,让我对课程规划,对课程纲要,对教师为什么要提升课程意识,有了越来越清晰的认识。我知道了教学流程中的各个环节都不是孤立存在的,只有站在课程的高度来看教学,站在课程的角度来整体考量自己的教学行为,才能实现"教学评"的一致性,才能更好地促进有效教学。积极的实践促进了我的教学行为的改变。而我也在这种改变中逐渐提升了自己对教学的理解能力。

做明师,明在潜心的研究中。曾经的我虽然有着满腔的研究热情,但由于缺少专业的指导,常常觉得有劲使不出,做起事来也是事倍功半。为了提高科研能力,我将自己的诉求写到了规划中。学校了解了我的诉求后,积极为我创造了学习的机会:一是请来了上海市教育科学研究院的专家,为我做一对一的答疑指导;二是送我去参加科研培训班,让我有机会系统地学习教育科研的理论和方法。在学校的支持下,在专家手把手的指导下,我的研究能力得到了提升,对科研更有热情,也有了更多的想法。于是,在制订个人发展规划的时候,我将"教育科研"作为要重点突破的板块并作了细细的规划。从跟着专家,在他人的指导下开展课题研究,到以核心成员的身份参与区级重点课题的研究,再到成为负责人独立申报区级重点课题,主导整个研究工作……我踏准节拍,一步一个台阶,扎实而稳妥地向前迈进。现在的我已经是学校教育科研的负责人,我不仅自己要做研究,还要带领同事们一起投身教育科研。三年来,我负责或参与了市级、区级、校级的各类课题,研究的内容涉及学校管理、信息技术、学科教学、心理工作、教师成长等多个领域。可以毫不夸张地说,我的成长很大一部分就是在教育科研中实现的。

在研究的状态下工作,让我养成了严谨的工作态度,学会了深入地思考问题。丰硕的研究成果更是开阔了我的眼界,丰富了我的认知,拓展了我的思维,并最终反哺我的教学,让我慢慢成长为一个有思想的教师。

如果说过去的我,很多时候还是凭借着一腔热情在努力工作的话,那么通过"教师个人发展三年规划"的制订,现在的我因为学习,有了底气,变得更自信;因为实践,掌握了方法,从而有了进步;因为研究,思考得更深入,日渐成熟。成长的过程让我深刻体悟到:要做明师,何其不易。但作为一个有追求的青年教师,只有努力去做一个明师,才能终日忙碌却不觉得辛苦。虽不能至,心向往之。在目标规划的指引下,我会怀揣自己的理想一路前行!

8. 由外部评价趋向内在价值

在教学水平、能力评价上,入职不久的教师比较注重人们对自己的外部评价,而容易忽视自己从内心深处作出的价值判断。外部评价很重要,但内在价值更重要。

(1) 改变重评价轻价值的做法

外部评价是对教师教学水平与能力的一种认可形式,对客观评判教师的教学业务水准有重要作用。但

是外部评价不应是教师的唯一追求。没有从内在价值取向上来要求自己,只图来自外部的"好评",时间长了会感到厌倦、疲劳,专业发展不可持续。认识到专业发展的价值与作用,才会有专业的持久发展,"好评"此时只是附带的产物而已。

(2) 期望内在价值与外部评价有机统一

正确的做法是外部评价和内在价值都不偏废,只重外部评价而忽略内在价值不可取,只重内在价值而不顾外部评价也不可取。内在价值是外部评价的境界升华,对由外部评价引发的感受、反应起导向作用。从外部评价的声音中发现自己的不足,努力改进;对褒奖的部分保持清醒,激励自己奋发努力。

从汇师小学的课题中可以发现,汇师小学在教师专业发展上期待的是教师外部评价与内在价值的有机统一,核心组的统筹,教研组、年级组、备课组的组织引导、创造条件、关心鼓励,都是培养教师从内心需要与反省、自我知觉的价值方面重塑行为,进而转化为自我要求的专业发展目标。

＊ 汇师说法 ＊

"三年规划"助我"脱掉"高跟鞋

语文教师　闻伟隆

我个子不高,身材瘦小。犹记得四年前来汇师小学面试时,我穿上了近十厘米的高跟鞋,想在给我面试的老校长面前显得形象更好一些,表现得更自信一些。

教师心语： 那一天,我穿着运动鞋自如地与学生们互动着。我不再担心脱掉高跟鞋的我像不像一个老师，我更多地思考着我的课堂教学效果怎么样，教学中的不足该怎么改进。

幸运的是，我顺利留在了汇师，我想，那双高跟鞋一定功不可没。

上班之后，我常常穿高跟鞋，想借它在我的学生面前显得更有气势些。尽管有时候高跟鞋会给我带来诸多不便，但在日复一日地穿着高跟鞋上课的时光里，我渐渐适应了教师身份，我想，高跟鞋一定功不可没。

当我不断接触身边的优秀教师时，穿着高跟鞋的我也开始琢磨，该怎样成为一名好老师？就在我迷茫，不知道该怎么做时，学校让教师们制订"教师个人发展三年规划"。在学校促进教师专业发展的目标引领下，我制订了属于自己的第一个"教师个人发展三年规划"。在规划中，我小心翼翼地写下了能够上一节"大组交流课"的目标。没想到，这个愿望在我工作的第二年便实现了。

得知要安排我上一节"大组交流课"这一消息后，我觉得自己万分幸运。千头万绪不如脚踏实地，我开始了一遍遍试教。在试教被指导的过程中，我知道了好老师在课堂上应该是什么样的。那次的交流课是一年级语文《狐狸和乌鸦》这一课，其中有个环节是让学生通过读懂狐狸对乌鸦说的话来感受狐狸的狡猾。在试教中，学生无法体会到狐狸第一次对乌鸦说"您好，亲爱的乌鸦！"是在通过和乌鸦打招呼来骗乌鸦。在评课时，语文大组长时老师亲自示范了这一环节的教学。她告诉我说，在学生体会不到的时候，教师可以自己朗读这句话，再让学生体会。我记得时老师当时是坐着的，在演绎这句话时，她语调上扬，吐字清晰，声音清

设计

合作

规划

成长

践行

亮,眉眼开展,手上做着打招呼的动作,语气里透着"谄媚"。她要求我模仿她刚才的样子朗读一遍。第一遍我拘谨得很,声音不敢放开来,表情也是僵硬的。于是,我被要求站起来再来第二遍。我稍稍放松,没有那么拘谨,但远远没有那种"谄媚"的感觉。第三遍,第四遍……直到那种"谄媚"的感觉出来了,指导老师满意了,我才被允许停下来。那次试教让我记忆非常深刻,那是我第一次直观、深刻地知道,教师在课堂上应该是什么样的。后来的大组实践课上,我果然成功地示范读出了乌鸦的谄媚。穿着高跟鞋,我第一次在这么多老师面前完成了课堂执教。那一次的自信不是因为穿了高跟鞋,而是我心里有了好老师在课堂上该是什么样的画面。

我很幸运,可能比很多新老师有更多学习、锻炼的机会。去年,我参加了区青年教师研修班。在准备组员汇报课时,我选择了《家乡的桥》这一课。在一次试教中,我从备课组老师那里领悟到了"教师上课是一个探索作者情感的过程"。这篇课文是作者在阔别家乡多年后写下的,她借写家乡的桥来抒发思念家乡的情。课文的最后一个环节是借助学习最后一节,深入感受作者的情感。在设计教学环节时,通过三次朗读"长相忆,最忆家乡的桥"升华情感。上完课后,年级组里的老师问我:"作者写这句话要表达什么?"我毫不犹豫地脱口而出:"思念家乡的情感。""那你设计的三次朗读,是三次重复的体会吗?"我答不上来,因为我没有思考过教学环节背后的意义是什么。后来我才知道,教师上课其实是探索作者情感的过程，教学更重要的是将文本承载的情感通过教师的讲授让学生读懂、体会。我似懂非懂。老师们建议我，最后的三次朗读可以改成渐弱式的呈现，这样作者对家乡绵长而悠远的情感就有萦绕在心头的感觉了。我深深记住了这句话。后来，我顺利地上完了这堂课，但我所想的不是穿着高跟鞋的我上课时的样子如何，而是在课堂上，目标有没有达成，学生有没有收获。

今年是我执教的第四年，而四年级的学生有好几个身高已经超过了我，但是现在，我在学校穿高跟鞋的次数反而比他们在一年级的时候少多了。前不久，校长坐在我的教室里听了一节随堂课。那一天，我穿着运动鞋自如地与学生们互动着。我不再担心脱掉高跟鞋的我像不像一个老师，我更多地思考着我的课堂教学效果怎么样，教学中的不足该怎么改进。这几年，我一直在被指导、被启发，但我不会永远只是一个新教师，永远只等着被指导。今年暑假，恰逢制订新五年规划，我开始思考"我该如何让自己真正成长起来"。于是，我又一次以慎重的态度写下"能依据教材和教参独立备课；能够针对自己的课堂作出有质量的课堂反思，并能落实于课堂实际教学；总结梳理教学案例并撰写成文"。新五年规划将督促我从一个勤学习的教师转变为一个会思考的教师，规划将不断指引我成长。

我的个子不高，身材依然瘦小。但如今，我想要成为一个好老师的信心不再依赖高跟鞋获得，而是在一次次被指导和主动学习中获得。

二、关于团队的崛起

——教师专业发展的合力

教师专业发展是一项系统工程,涉及学校的方方面面,合力聚焦到一点。顶层设计是根本,细化措施是保障,重在落实是关键,三者构成教师专业发展的架构。架构必须清晰,目标必须明确,内容必须务实,机制必须完善,才能使教师专业发展的根基牢固,发展的枝叶茂盛。

汇师小学教师专业发展的实践提供了这方面难得的样本。用宓莹校长的话说:多年来,汇师小学始终坚持把教师的专业发展放在首位,十分注重团队建设,形成了教师团队发展的整体效应,并成就了一支政治素质高、师德修养好、业务能力强的师资队伍。据当时做课题研究时统计,学校教师队伍结构合理,35岁以下的青年教师约占40%,专业成熟型教师占较大比例,具有中高级职务的教师占在岗教师总数的比例超过85%。学校教师通过专业发展,在职业道德、学识水平、专业能力、工作绩效等各方面都取得了佳绩。学校也成为徐汇区第一批教师专业化发展示范校,数学教研组连续三次被评为区示范教研组;学校成为上海市首批见习教师规范化培训基地校,被评为"上海市教育系统先进集体""上海市文明单位"。用研究的方式来关注教师的专业成长是汇师小学开展科研工作的一个重要抓手。

(一) 教师专业发展的宏观谋力

教师是学校办学最重要的力量,是学校发展最关键的因素。教师强则学校兴。为了学校的发展,为了培育合格的学生,学校应主动关心教师成长,尤其是关心教师专业发展,这个"功课"首先要由学校来设计。

对于教师专业发展的重要性,宓莹校长说:如果说学校是一台钢琴,那么教师专业发展与学校内涵发展就是两个必不可少的音符。只有两者的合音,才能奏出具有生命力和感染力的旋律。作为办学中最重要的两个"关键部位",学校内涵发展是教师专业发展的基础,是教师走向成功的前提;教师专业发展则是学校内涵发展的动力,是学校走向优质的要素。为此,我们提出"教师专业发展坐标=大处定位+小处落位",就是基于两者之间的关系。这就是说,教师个体发展要从学校整体发展的"大处"定位,要从教师个体发展的"小处"入手,教师最终的发展必然是在学校整体发展的框架中实现的。

显然,教师专业发展与学校发展是相辅相成的。教师专业发展以学校发展为参照才会有更实际的发展,学校发展以教师专业发展为条件才更有发展潜力。教师个体发展与学校整体发展"合奏"成功,演绎的是办人民满意的教育的优美旋律。

1. 校长作用

校长在以教师为本和教师专业发展的工作中起着极其重要的作用,这种作用是一种无可替代的作用。

(1)理念视野引领发展方向

教师专业发展对办学水平、学校发展、培养质量影

有一种成长，在"汇师"

汇师主张：校长的理念与视野决定了教师专业发展的"成色"，引领着教师专业发展的方向。

汇师主张：校长在职，必谋教师专业发展之计，必行教师专业发展之实。有了这种认识，教师专业发展才会达到一定的高度。

汇师主张：组织落实是最后一道防线，重视了，到位了，教师专业发展才会有成效。

设计

合作

规划

成长

践行

响到底有多大？在不同的校长眼里，答案是不尽相同的。在学校各项工作的天平上，教师专业发展的分量也是不尽相同的。一个称职的校长，会视教师为办学主体，视教师专业发展为学校生命。教师专业发展这道题做得如何，将直接关系到学校发展的大局。在教育教学中，教师专业及其发展是最核心的部分，因为学校一切工作都要由教师来做，教师本身的"技术含量"很大程度上决定了其所做工作质量的高低。

（2）认识程度决定发展高度

在教师职业生涯的各项发展中，专业发展是最重要的发展。它不仅关乎教师的职业胜任力及其幸福，而且关乎教育教学质量、学校办学竞争力和学校长远发展的全局性问题，校长对此应有全面的认识。教师专业发展不是一时的权宜之计，不是为了应付一时的指标落实，也不是为了装门面好看。教师专业发展是学校办学使命所在，是校长履职使命所在。

（3）组织落实关乎发展成效

教师专业发展要靠强有力的推动来实施，靠坚强的组织落实来保障，需要有效的机制来运行。校长作为学校决策者、领导者、管理者，拥有组织实施、推行落实的行政权力和天然优势，应尽最大努力，集中力量做好教师专业发展这一事关学校发展的大事，确保教师专业发展的各项工作落到实处。如果组织落实不到位、不给力，就很有可能使教师专业发展工作事倍功半。

（4）身体力行当为榜样示范

校长要推行教师专业发展工作，重在贯彻落实。

贯彻落实要见效果,校长的亲力亲为是保障,身体力行是示范。校长的重视程度及其力抓亲为与否,决定着教师专业发展的高度与深度。经验表明,一些工作即使有了很好的规划与制度,但是如果在落实的环节上打了折扣、走了样,结果也不会好。因此,落实要有动力,需要推动,尤其像教师专业发展这样事关学校发展的重大事项,特别需要校长在落实环节上予以重点关注,并亲自主抓。

汇师主张: 说到底,教师专业发展的成效如何,反映的是校长的认识高度与重视程度。

◆ 校长观点 ◆

教师专业发展规划师:校长的使命(摘要)

宓莹

校长的第一使命只能是促进教师专业发展。校长的工作没有比促进教师专业发展更重要、更基础、更持久的了。百年汇师,积淀了深厚的文化底蕴,孕育了优良的办学传统。优质的汇师品牌和文化,如何更加有力地滋养处于第一位的教师专业发展,这是校长必须思考的命题。汇师本着真心赏识,扬长避短,激发潜能的理念,因人制宜、因时制宜、因科制宜地帮助教师制订个人发展规划,作为校长要从课程的领导者变身为教师成长的规划师。面对新使命,汇师开启了多方面的探索和实践。

通过建立稳定的教师专业发展规划责任机制,精准编码与分类规划导航,设计"教师个人发展三年规划表",为规划加装多轮驱动机制等活动与手段,推进汇

93

师小学教师的专业发展。

教师发展是教育发展的永恒主题,也是学校发展的探索课题,更是教师走向成功的职业命题。校长则是激励教师成长,关注教师专业发展,带领教师不断前行、不断攀登的探索者。

2. 实施推进

教师专业发展不仅是教师的个人行为,更重要是的学校行为。学校对教师专业发展要有整体思路,整合各方面力量,汇聚强大合力,达成全校共识,确保教师专业发展的各项措施、各项工作有序、有为、有效地开展和落实。

(1) 摸清家底,明确目标

学校首先开展调查摸底,盘点学校教师专业发展的现状。

学校曾对"教师个人发展三年规划"(2011年)的现状进行了十分透彻的调查和分析。学校按五年一个培养期来划分,将全体教师按照教龄分为四档:5年以下,5—10年,10—15年,15年以上。统计发现,这四档教师的人数分别为12人、12人、34人、31人,说明学校的教师教龄分布合理,师资队伍的梯队建设较好。经验型教师占了学校教师总数的绝大部分,这一部分教师在学校各项工作中都起着示范引领的作用。但也看到,目前教龄在15年以上的教师已经占了学校教师总数的三分之一强,因此,未来五年,如何更好地培养年轻教师,使他们迅速成长与成熟,以接好老教师的接力

棒,是学校需要大力关注的。

从职称的角度来看,学校具有中高级职称的教师占了学校教师总数的绝大部分,这一部分教师是学校教学工作开展的中坚力量。学校为了更好地观察这一部分教师的专业发展情况,又将 58 位小高职称的教师按照评上职称以后的教龄(称为"职称后教龄")进行了分类,发现评上小高职称的 58 位教师,绝大多数的职称后教龄不足 10 年(有 50 人,占小高职称总数的86%)。这一部分教师的教龄为 10—18 年,年龄在30—40 岁左右,正处于职业发展的黄金阶段,其教学经历和教学经验都相对丰富,但同时也最需要专业引领和发展突破的平台。因此,从教师职称和教龄情况看,当时学校的师资队伍令人满意,正处于师资水平发展的鼎盛期,正是学校高速发展的最佳时期。

摸清全校教师的"家底",对学校层面的设计就能做到有的放矢。

关联点 A: 在深入了解校史中认识学校的历史方位

学校历史,是教师专业发展的"蓝皮书";学校传统,是教师专业发展的"指路灯"。

汇师小学教师通过对学校历史与传统的梳理,认识了学校的历史方位。汇师小学始建于 1870 年,是我国最早接受西方科学文化的学校之一,也是一所文化底蕴深厚的百年老校。学校在长期办学过程中逐步形成"严谨治校、各科并重、中西交融"的办学理念,凝练

点评:教师对校史的深入认识对其专业发展的定位具有激励作用。

95

出"和谐、自信、勤奋、创新"的八字校训，激励和鞭策师生不断前行。

学校专辟的"校史室"，通过三个板块叙述了汇师小学140多年的发展历程，以及漫长岁月里积淀下的丰富深厚的文化底蕴和一脉相承的兴教传统。学校历史同时也告诉每一个汇师人：要继续发扬长期形成的汇师精神，要能以"汇天下英才，师中外名家"的决心和气魄，继往开来，与时俱进，追求卓越，再创辉煌。

关联点 B：在明晰办学目标中立足学校的今天

点评：当教师专业发展与学校发展对上号，教师自觉地把学校发展目标作为自己专业发展的目标时，这样的发展会有联动效应。

学校的"一本账"，往往是其发展的"家底"。厘清这本"账"，可以极大地推动教师专业发展，使教师感到自己的一言一行要与学校的声誉相匹配。

客观地说，汇师小学是徐汇区乃至上海小学教育中的一面旗帜。

汇师小学坐落在徐汇区的商业中心，目前有两个校区，并于2011年起托管徐汇实验小学至2017年。学校占地26余亩，建筑面积为18 470平方米，拥有学生1 747名，教职员工111名。

在长期的文化积淀中，学校始终把"三全一坚持"作为办学的指导思想。"三全"，即全面贯彻教育方针，大力推进素质教育；全面关心每个学生，不让一个孩子掉队；全面安排学校工作，使每个"键"奏出和谐音符。"一坚持"，即坚持"以学生发展为本"，让学生的个性得到发展。

未来，是学校发展的憧憬，也是教师发展的希望。

因此,学校愿景的描绘对教师专业发展具有影响。学校在制订、规划办学目标时,提出继续传承和发展汇师小学的办学特色,进一步优化学校教育环境,使汇师小学成为具有一流管理、一流师资、一流设备、一流质量,得到社会、家长认可,与国际接轨的现代化品牌学校。学生通过五年的学习,基本具备健康的身心素质、规范的行为习惯和扎实的科学文化知识,为进入高一层次的学校奠定良好的基础。

这样的目标定位,对教师专业发展起到了引领作用。

（2）搭置框架,明晰路径

学校构建了宏观层面核心组,中观层面教研组、年级组和微观层面教师个体三个互为联系、互为制约、互为影响的机构架构。

关联点 A: 教师专业发展要在学校发展的整体框架内实现

教师专业发展,根基在于教师自身,但由于教师是在学校工作中实现价值的,因此,教师专业能力的发展,光凭个人努力是不够的,还需要学校这个平台,需要在学校发展的整体框架内实现。而一所学校的水平,最终表现为教师队伍的整体水平,并不取决于一两个教师。

教师专业发展与学校发展有机联系起来,让学校的发展蓝图成为教师专业发展的坐标。

点评: 让教师在了解学校的建校历史、传统特色、目前走向和价值追求的过程中,认同学校的价值观。

97

关联点 B：教师专业发展要在学校师资建设顶层设计中运行

如果把教师个体的专业发展规划当作纵向切入，那么学校提出教师专业发展的指向就是横向介入，这样的介入对教师专业发展的引领是至关重要的。

汇师小学强调教师专业发展，抓住了师资建设的重点与要点。师资建设说到底就是以教师专业发展为重点的工作，轻视、忽视教师专业发展，师资建设就会失去灵魂，成为无本之木。

（3）制订规划，注重实效

教师专业发展的实际效果如何，与规划的制订是否务实有很大关联。

关联点 A："三了解"——规划制订的基础性"前戏"

好的规划不会是空中楼阁，必然是基于现实，源于事实，高于真实。在汇师小学，许多教师深有体会，认为撰写规划前，应该做到"三了解"：一是了解自己，即了解自己当前的实际工作状态、自身学科专业基础、身体健康状况以及家庭生活状况等，明白"我是谁"；二是了解教育态势，即了解教育发展规划、学校发展规划、教研组发展规划等，知道"客观需求是什么"；三是了解自己可持续发展项目状况，即了解自身的特长、学校教研组重点项目等，确定"自己要什么"。

点评：把教师专业发展置于师资建设的顶层设计，是抓好师资建设的关键所在。

点评：认识自己，等于为自己的发展奠基立业。

98

关联点 B：放宽视野——规划制订的结构性谋篇

教师专业发展规划，不应是"线性"的，而应当是"面状"的。在制订规划时，视野尤为重要。要把教师个人的规划放到教育大局、学校整体发展规划中加以考虑。

应把握规划制订的"四性"：一是切实性。与当时的工作实际切合，要延续常规工作及正在关注的热点。与今后的发展实际切合，依据自己关注的教育教学热点，依据自身目前的能力，依据自身个人特点来制订。二是前瞻性。全面结合教育发展方向，结合教育发展的动态，结合学校发展方向来制订规划。三是整合性。全方位整合，多维度思考，形成综合发展。四是凸显性。首先凸显重点发展项目的核心体系，其次凸显特长项目引领作用。将重点发展项目有策略、有梯度、有统整地呈现在规划中，让人一目了然。

（4）三年规划，全员参与

汇师小学通过 2011—2013 年"教师个人发展三年规划"的全方位实施和全过程展现，集中体现了教师专业发展的"设计图"与"施工方案"，并以具有独创性的科学操作，给人许多带有普遍意义的启示。

汇师小学使用语义编码的方法，即通过词语对信息进行加工，按意义、系统分类，用四个步骤对教师的发展规划内容进行整理分析：一是读每位教师制订的三年发展规划；二是辨别有意义的关键词（称为"语义单元"）；三是记录整理、归类汇总；四是数

点评：围绕专业发展，但又不局限于专业发展，这样的多元视野，能产生更大的效应。

99

据分析。

通过语义编码的方法，共辨识出有意义的语义单元 388 个，对应育人、教学、教科研三大维度，按要求分列成三张表格。调查发现，学校教师专业发展有一些需要特别关注的情况：一是多数教师专业发展的热情较高，但有重教学的倾向；二是教师的专业发展热情在评好一级教师后期达到高峰，要充分利用这个时机帮助这个群体的教师提升专业能力；三是教师们的专业发展目标需求各有差异，要均衡地给予关注，让每一位教师都有各自成长的动力和目标。

横向梳理教师专业发展的"五个阶段"：适应期——发展期——瓶颈期——成熟期——持续发展期。根据教师的教龄与职称，适应期对应的是职初期教师及小学一级职称的教师，发展期和瓶颈期对应小学高级职称的教师，成熟期与持续发展期对应中学高级职称的教师。

纵向聚焦体现学校教师专业发展的"六大维度"：了解与服务学生、教育与管理能力、专业知识、教学能力、教科研能力、工作与生活的平衡智慧。在具体操作时，每个维度又进一步细分为几个不同的板块。

"了解与服务学生"维度分成了"了解学生""干预学生行为""应对学生突发情况"三个板块。

"教育与管理能力"维度分成了"班级组织管理""课堂组织管理""家校沟通"三个板块。

"专业知识"维度包括"学科本体知识""教育教学知识"两个板块。

"教学能力"维度涉及"备课""上课""作业""辅导"
"评价"五个教学环节。

"教科研能力"维度包含"课题研究""论文(案例)
撰写"两方面。

"工作与生活的平衡智慧"则涵盖了"适应学校生
活""规划职业生涯"两大板块。

在此基础上,对每一个阶段对应的维度指标又都
作了具体的描述。

相关链接：

以"了解与服务学生"为例,对三个方面的内容又
作了进一步细化。在"了解学生"层面,职初型教师要
学会利用课余时间与学生谈心,了解学生的兴趣爱好,
成为学生的"朋友";积累型教师要熟悉不同类型学生
的特点,抓住各种契机,有针对性地开展工作;发展型
教师要在教育教学中,善于根据学生的年龄特征和思
想实际开展工作;成熟型教师要阅读或参与一些针对
有特殊需要的学生的研究,并进行科学指导和综合干
预;专家型教师要有意识地积累一些有特殊需要的学
生的档案资料,能做典型案例分析。

在"干预学生行为"层面,职初型教师要学会了解
学生群体的学习和生活状况,积累型教师要深入学生
群体,保持对学生心理状态和情绪变化的敏感性;发展
型教师要了解和积累关于学生群体和个体特点的知
识,及时干预和疏导学生行为;成熟型和专家型教师要
依据学生群体和个体的发展特征,综合使用教育策略,

促进学生健康成长。

在"应对学生突发情况"层面，职初型教师要沉着地应对学生在学校发生的特殊情况；积累型教师要及时、理智地处理学生在学校发生的特殊情况；发展型教师要及时发现并妥善处理学生在校内外发生的特殊情况；而成熟型和专家型教师要总结校内外突发事件的特点，对一些可能的突发事件形成预案并妥善处理。

汇师小学对教师专业发展规划指标的描述立足教师个体的需求，又体现了学校对不同层面教师的专业发展期望。而这其实就是一份校本化的教师分阶段专业发展标准。这份标准对即将制订规划的教师而言，如同一份指南，根据这些指标的描述，教师可以比较容易找到自己相对应的坐标。同时，参考对应指标的具体描述，教师可以明确学校对这一阶段教师的具体要求，也可以清楚地知道自己未来的发展目标。所以框架的出台，不仅使得教师们对自己今后三年的发展做到了心中有数，同时也能很好地避免以往由于定位不准、目标不清而导致的规划失衡等问题。

（5）建立机制，保障发展

教师专业发展要建立在整体设计和发挥教师团队作用的基础上，为教师专业发展的运行铺设基轨。教师团队可为教师专业发展的实现提供集体力量。

关联点 A：整体设计的架构——形成合力

汇师小学教师专业发展形成了整体架构与良性机制，核心组为学校总体工作进行构思，教研组（年级组）

作为执行层为教师个体进行"演练",教师根据学校整体发展的需要,结合自身实际,找到了切实可行的发展方向。

◆ 纪实卡片 ◆

分 层 引 领

教科室主任　刘汝敏

　　为了帮助每一位教师制订出"基于实际需求、可操作、可被检测"的个人发展规划,我们没有采用一次性、大面积、全员化铺开的方式,而是实施分层引领的策略,逐步完成"教师个人发展三年规划"的制订。即:核心组在专家的指导下先行制订;而后他们以专家的身份进入备课组,指导备课组长制订规划;最后,备课组长再指导备课组的各位教师完成专业发展规划的制订。当所有的教师都完成了个人发展规划的制订之后,核心组会再一次对每位教师在规划中提及的发展目标,采取的措施方法,设计的具体步骤进行分析。在取得共识的基础上,再与教师开展个别交谈,充分听取他们的想法,并提出实施的建议。这里的建议甚至细化到理论学习看什么书,打算怎么看,学生成长档案的记录具体是指哪一位同学等……深度会谈之后,教师们对自己制订的发展规划进行二度修改,最终形成能体现个人特征、具有操作性的个人专业发展规划。

点评:多层次的机制架构,有助于对教师专业发展的多层面、多状态保持清醒的认知。

关联点 B：团队力量的集聚——激发教师集体的合作能量

学校教育教学是"团体战"，需要各学科、各岗位教师同心协力。教师专业发展的最高境界是团队有实力，个人有魅力。

教研组是教师成长的基地。学校教研活动注重三个"精致化"，即管理精致化、过程精致化、推广精致化。首先，由分管领导及教研组长组成的两级管理保障机制共同管理好教研组。其次，教师专业水平的提高取决于教研组活动的质量，而教研组活动质量的高低很大程度上取决于教研组长的能力与水平。最后，学校注重优秀教研组的推广示范作用。

◆ **纪实卡片** ◆

教研主题系列化

音乐教师　张莉

由于我们教研组学科涉及面广，活动内容多，过去在教研组活动无法做到面面俱到，每次活动都是零敲碎打。而现在，我们创导的是"教研主题系列化"。将多方面的内容整合起来；将教师个人发展与教研组发展整合起来；将品牌特色项目与教研组活动整合起来。我们分别开展了三个系列的主题活动："我型我秀""歌舞剧进课堂""我成长我快乐"。在这一系列的主题教研活动中，我们发挥每位教师的作用，发挥其长处，融合其发展目标。在这样的任务驱动下，教师倾情投入。

点评：组合教研是一种力量，不论学科背景。

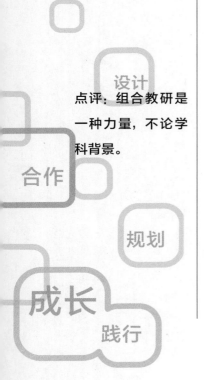

大家对自己的工作目标更清晰了,更关注了,工作更努力了,成效也就更显著了。

(6) 梯度成长,科学发展

教师专业发展是一个循序渐进、不断攀登高峰的过程。汇师小学在引导教师专业发展时,学校层面通过教师专业发展共同体的协同工作,制订校本教师专业发展阶段目标,对教师的个人专业发展目标制订进行引领。

关联点 A: 错位发展的前提——不同阶段上的教师专业发展

目标导向下的专业发展,突出强调让处在不同发展阶段的教师依据学校的专业发展要求和个人的专业发展目标,对自身进行准确定位,进而制订出恰当的专业发展规划。具体来说,主要强调三层含义:一是处于不同专业阶段的教师有不同的职业阶段特征;二是不同阶段的教师又有各自不同的发展需求和目标;三是不同的专业目标可以通过外部力量的助推来实现,也可以通过教师的自我引领来实现。

关联点 B: 错位发展的定律——目标制订的关键性"剧本"

教师专业发展目标的实现,与拟定目标的准确度、清晰度有直接关系。目标的定位是否准确将直接影响目标的达成度。如果目标定得过高,那么在三年的实

点评: 阶段说符合事物发展递进的规律。

105

施过程中会发现所定目标脱离了实际，难以达成。如果目标定得较低，虽然十分容易达成，但这种达成显然是无效的，教师在这三年中并未真正得到发展。因此，在制订目标时，必须思考自己的目标定位问题。

这种关键问题的解决，标志着目标制订找准了方向，走对了路。

◆ 纪实卡片 ◆

定准目标，事成一半

数学教师　张圆

点评：目标制订合理，等于事成了一半。

回顾自己制订的"教师个人发展三年规划"，我发现其中的目标基本上都已达成。自己所规划的目标之所有有较高的达成度，这与合理、切实地制订目标密不可分。

关于目标的制订，我当初主要从两点进行思考：第一，对自己进行一个全面、准确的自我定位。2011—2013 年，我将自己定位为职初期教师，以注重积累为主。因此，我的目标中也就有不少积累相关资料、案例等内容。第二，所制订的目标必须要具有较高的可操作性。这意味着不会给自己增加较多额外的负担。只要将所制订的目标与学校的教研活动、备课组活动紧密联系起来，将学校布置的教育教学任务转化为自己的发展目标，那么在认真完成学校所布置的各项任务的同时，也就相应地完成了自己的发展目标。例如，我在"了解与服务学生"中制订的目标就与每学期的学困

生辅导记录计划相对应;再如,教科研方面的目标也与教研组的数学论坛、区里的教学同步平台有一定的联系。

关联点 C: 错位发展的关键——重点突出的分量性节奏

教师专业发展是教育生涯的永恒主题,不可能一步到位;又由于精力、时间、年限所限,不同阶段发展的重点不同,因此教师专业发展,需要有所为有所不为。抓住重点,个个突破,是一种智慧的操作。

点评: 人的发展,需要有所为有所不为,教师专业发展也是如此。

关联点 D: 错位发展的艺术——量力而行的平衡性架构

不贪大求全,专业发展的量定位在驾驭自如的基础上,这是很重要的。量力而行,有利于自信心的树立,有利于成就感的获得。

点评: 教师特长也是教师专业发展中的平衡阀。

关联点 E: 错位发展的调整——适时调节的过程性把控

规划是相对静态的,而教育生涯是动态的。因此,根据变化了的情况进行调整,也是题中之义。

点评: 既然要在动态中完成专业发展,那么调整就是"伴侣"。

(7) 重视个性,用好特长

有特长即有个性。不同的教师个性不同,都有其与众不同的特点与特长。利用好、发挥好特点特长,对教师个人在教师专业发展道路上得心应手地走下去,

107

是大有益处的。

在学校中，总是会有好些教师担任同样的学科，这是很正常的。如何使同学科教师具有不同的特长，即可以在教师专业发展的共性基础上，寻求教师个体的不同发展，这是教师专业发展的"选择艺术"。

关联点 A：扬长避短找准成长空间

每位教师在教学与专业建设上都有自己擅长的方面，也有自己不擅长的方面。找到自己专业发展的切入点，让所长更长，弥补所短的不足，是教师专业得到更好的发展和全面发展的关键。

点评：教师应正确认识自己，准确选择教师专业发展的"通道"。

关联点 B：特长发展形成各自特色

教师专业发展的高阶阶段是形成特色发展，如从一般教学走向优质教学，从优质教学走向具有个人独特风格的教学。

点评：教师专业发展的最高境界，就是对教书育人得心应手。

关联点 C：学校提供多种途径

教师要通过专业发展获得特长发展，需要学校整体统筹，有序安排，提供途径。

点评：教师专业发展的个体实现，要在学校创设的大环境中全面兑现。

◆ 教师实说 ◆

规划助我"补短"

数学教师　孙建英

三年前，学校就鼓励教师制订"教师个人发展三年

108

规划"，并希望大家能选择1—2个目标作为今后发展的方向或突破口。我毫不犹豫地把"补短"——提升教科研能力作为我个人发展的首选目标。我问了自己一个问题：目前个人发展中你最薄弱的是什么？（教科研能力）那么你今后的发展就应该及时"补短"。

我想讲一讲三年来我是如何开展教科研（补短），如何利用教科研提升自己的教学能力的。

一、一块白板,开启了科研之路

2012年,依托学校的发展,学校引进了四块电子白板并在我任教的三年级组开展尝试研究。这让当时的我感觉既新奇又无措,这么高大上的教学设备即使外出听课也很少见到。

摆在我面前的首要任务就是学习。当时电子白板的普及性还不广,且软件版本也没统一（我校用的是普罗米修斯系统）。好不容易找到了一位比较熟悉该系统的老师录制的教学视频,为此我每天晚上回家就端坐在电脑前,边看视频,边实践操作。经过一个学期的学习,我掌握了该系统的基本操作。

如何进一步用好它,发挥其优势？为此我思考了许久,并找到了一个切入口,那就是以此为主题开展课题研究。2013年9月我向学校提交了名为"电子白板在数学几何教学中的应用"的课题申请报告,10月学校正式将其列为校级个人研究课题。其主要研究在几何教学中,通过图形的重叠、旋转、延伸、平移等,将静态图形与动态图形结合起来,让学生感知知识的生成过程。学生可以通过观察、实验、探究、猜想、验证、推理、

交流等多种方式进行数学活动，促进自身空间想象能力和推理能力的形成，积累多样化的数学活动经验，创造性地解决问题，掌握数学教学内容，提高学习效率。除了日常教学中不断尝试利用电子白板优化课堂教学，提高课堂效率外，我还精心设计了多节利用电子白板的课进行公开展示和参赛。有校内的大组教研课《角的度量》，也有区级的优秀教研组展示课《垂直》，区级"智汇课堂"的公开展示课《垂直与平行》，校耕耘奖获奖课《三角形的面积》。除此之外，在大组活动、上级督导、日常带教示范课中我都积极尝试各种利用电子白板的方法，发挥电子白板的优势。其中选取个别案例撰写的《新科技支持下的有创意的小学数学学习活动》获"2015最具创意的学习活动方案"评选奖项。

平时我还不断地将自己掌握的电子白板技术向周边教师推广，与大家分享，两年来我两次在校大组内与全体数学教师分享电子白板的使用经验，2015年暑假期间更是将之作为校本培训的内容在全校范围内进行演示与分享，受到了全校教师的欢迎。

经过三年的不断努力，2016年底我终于完成了本课题的研究，积累了完整、丰富的相关资料，并积极申报区第十二届教育科学研究成果奖。

二、一份案例，激发了科研动力

近几年，"如何评价学生"是一个重要话题。2015年市教研员姚剑强老师到我校作报告，其间他向我校教师征集评价案例。当天我正好上了一节有关行程问题的课，由于课上我的评价比较到位，教学效果很好，因此我利用这节课写了一篇有关"课堂融入性评价"的案例,没想到被姚老师选入《小学中高年段数学学科基于课程标准评价指南(征求意见稿)》,目前作为范例在全市小学数学教学中推广。这激励我更努力地去思考评价与教学、评价与学生学习成绩及发展的关系。我发现好的评价可以促进学生的发展,提高教学效果。这样的发现促使自己改变了以往的评价方式,而这样的评价学生甚是喜欢。例如,上完《年月日》一课,我让学生制作一张 2017 年的年历表作为评价内容。同时我还要求他们标出特殊的日子,可以是法定假日,也可以是特殊而有意义的日子(长辈的生日等)。制作年历的过程是学生对所学知识的内化过程。这何尝不是另一种学习!又如在教学《平方米》这节课时,我发现大部分学生都存在量感不足的问题。虽然课堂中也有 1 平方米的视频演示,但学生的体验还是不够充分,为此我又设计了这样一项评价作业,请学生回家用废报纸拼出一个 1 平方米的正方形。通过操作,学生基本上都建立了这个面积单位的量感。这样的评价内容既考查了学生的知识点,同时又锻炼了学生动手操作的能力,这可比做几道题有趣多了。

通过这两年对评价方式、评价内容的研究与实践,我发现我对学生的评价更客观、更丰富了,而这样的评价也的确有利于学生各方面的发展与成长。近期我利用此研究申报了区级的"小学数学关键问题"的课题研究,制作了微课,申报了课程研究的学分,不久将挂网与大家分享。

（8）群体个体，协同发展

汇师认为，不同阶段教师的专业成长，是在符合其发展阶段特点的专业目标的引领下实现的。这种实现既有外部力量的助推，也有内驱力的引领。学校层面完全可以通过教师专业发展共同体的协同工作，制订校本教师专业发展阶段目标，对教师个体专业发展目标进行引领。当然，通过专业发展规划的制订，教师个体的日常专业活动和行为也可以在其制订的专业发展目标下实现自我引领。大量关于教师教育的研究证实，在引领他人的过程中，引领者更容易获得专业成长。因此，在教师个体制订专业发展目标时，我们通过参与的方式，让不同层面的参与者在引领他人的过程中获得体验和触动，激发自身的内驱力，进而形成动力，实现专业成长。

如何实现教师专业成长，提高其专业化水平和能力，重点要在校本环境中加以研究和解决。教师的校本专业成长必须紧密结合学校的发展目标，紧密结合教师自身的需求。每个教师的专业发展既是个体的成长过程，又是学校发展的力量源泉；既可解决教师专业成长的瓶颈问题，又可为学校的长远和可持续发展作出贡献。

◆ **教师实说** ◆

个人规划，成长的助推器

语文教师　严琴

十一年前的秋天，我来到了汇师小学，走上了三尺

讲台,开始了梦寐以求的教师生涯。在汇师小学这片肥沃的土壤中,我这棵瘦弱的小苗,慢慢地发了芽,长了叶……回望自己的成长之路,过去的十一年可以分成两个阶段:前五年处于职初期,对自己的未来虽充满憧憬,却又是懵懂的;后六年处于职业发展期,在学校要求教师们制订"教师个人发展三年规划"之后,我的成长开始有了明确的目标,有了具体的抓手,有了切合实际的措施。

一、规划,让学习变得更系统、更持久、更有针对性

古语有云:不积跬步,无以至千里。对教师而言,"要给学生一杯水,自己要拥有一片大海"。学习积累对教师而言具有重要的意义。学校实施的三轮教师个人发展规划的制订,让我在每一个阶段都能清楚地认识自己,准确地分析自己,科学地定位自己,因此,每次制订个人发展规划的时候,我总会根据自己的实际情况来制订。

1. 学习《义务教育语文课程标准》。我是一名语文教师,应该对整个小学阶段的语文教学有一个整体的认识和把握。我翻开了《义务教育语文课程标准》,认真阅读,对小学语文课程的性质与地位、课程的基本理念、课程标准的设计思路和阶段目标有了较为清晰的认识。但如何用好这个课程标准,用理论来指导自己的教学实践,仍是一个大问题。后来,市教委提出了"基于标准的教学与评价",参照课程标准中的阶段要求和区下发的"各年级学习内容与要求",结合教材的单元目标,我进一步梳理了每个年级、每个学期、每个

113

单元的学习内容与要求，制作成一张表格。该表纵向可以显示同一个知识点在不同年级的不同要求，让我能准确把握知识点螺旋上升的特点；横向则显示了每一个年级、每一个学期都要教些什么内容。横向纵向一联系，就可以清楚地知道每个学期我要教些什么，教到什么程度。对课程标准的学习，让我对小学阶段语文课程的内容与标准有了较为准确的把握。

2. 学习先进的教学理论和他人优秀的教学经验。我将《小学语文教师》《大师教语文》《听王荣生教授评课》《钱理群语文教学新论》《解读语文》《我的作文训练系统》等书刊列入我的学习清单，同时珍惜每一次外出培训、听课的机会，向专家学习，向前辈学习，向同行学习，学习、借鉴他们成功的教学方法。正所谓"他山之石，可以攻玉"。大师们先进的教学理念和教学思想，成熟的教学经验，为我提供了很多"营养"，助力我的专业成长。

因为有了规划，所以我的学习变得更系统、更持久、更有针对性。这几年来，我书橱里的专业书籍越来越多，听课、培训的笔记也攒了二十几本。不断的学习积累丰厚了我的底蕴，提升了我的专业素养。

二、规划，让"不可能"变成了"可能"

说实话，当我知道教师也要做课题研究的时候，整个人是懵的：该研究什么？又该如何研究呢？诸如此类的一系列问题把自己问住了。我认为做课题研究对我而言简直就是"不可能完成的任务"，根本不知道该从何处着手。因此，一开始，教育科研始终是我不敢触

设计

合作

规划

成长

践行

碰的一个领域,不敢想,也不愿去想。

2011年,我制订了第一份"教师个人发展三年规划"。打开这份规划,"教科研能力"这几个字赫然出现在我的眼前。这就意味着,对教育科研不能再像从前那样因为不会而逃避了。那一年,在制订规划的时候,我结合自己的工作实际进行了认真思考,我想:能不能把这个"不可能完成的任务"变成"可能"呢? 于是,我为自己的教科研能力设计了"学习—积累—实践"的发展路径。

首先,我积极参与到学校的课题研究中,要求自己在规划的引领下,在实践中不断学习,积累经验,了解课题研究的内容、方法和基本路径。我先后参加了校级课题,区级重点课题"依托教研组建设,落实教学五环节精细化管理的实践研究",以及国家级课题"整合中优化有效教学,推进教师专业化发展"。在课题研究期间,我在实践中学习了如何进行文献资料的搜集,如何围绕主题开展课堂教学实践,如何撰写教学案例,如何总结研究成果,对科研的一般方法有了全面的认识。在之后的工作中,我逐步树立了"问题即课题"的意识。后来,我尝试着要求自己从教育教学实际问题出发,独立进行课题研究。2014年,我主持的课题"开发非文本资源,提高二年级学生写话能力的实践研究"获得了区级立项。基于这个课题,我进行了一系列的研究与实践,终于在进行了为期一年的研究后,于2015年圆满地完成了各项研究工作,顺利结题。

从不敢想、不知道该如何着手,到作为学习者参与到学校各项课题研究中不断尝试、不断学习、不断积累，再到自己独立承担课题研究，我花了整整六年的时间，让"不可能"变成"可能"。回头想想，若是没有个人发展规划，我可能永远不会去挑战这个"不可能"，或许也不会那么用心地去学习课题研究的方法，更不会在日常教学中树立"问题即课题"的意识，当然也不会有自己的课题。

凡事预则立，不预则废。个人发展规划的制订就像一个助推器，在我不敢尝试的时候，推我一把；在我坚持不了的时候，推我一把；在我没有方向的时候，再推我一把。

（9）完善体系，扎实推进

通过摸家底、明形势、大讨论，借助强有力的组织推进，汇师小学基本形成了教师专业发展工作的推进体系。

一是形成了校本教师专业发展的顶层架构。学校成立了由校领导、中层骨干及各学科教研组长组成的教师专业发展核心组，全面负责学校教师专业发展三年规划的制订和实施，形成具有校本特色的"学校教师专业发展指标框架"。

二是形成了顶层目标导向下分层引领的教师个人专业发展规划。在完成了顶层设计的基础上，分三个层面，采用逐层引领的方式，有计划、有步骤地推进，力求使制订的规划能够真正地起到引领、促进教师专业成长的作用。

设计

合作

规划

成长

践行

三是形成基于教师需求分析的校本研修活动计划并实施。备课组是汇师小学教学上最重要的组织机构,是开展校本教研的实体,也是教师专业化发展的依托。学校基于教师制订的专业发展规划,在备课组进一步对计划进行研修制订,对研修活动的开展进行了一系列的尝试:查找当前备课组研修活动中存在的问题,如发现教研组功能定位虽清晰但执行力度还显得不足,教研活动虽有一定效果但针对性还有待加强,教研内容虽明确但研究气氛还不浓等问题;开展专业目标导向下突破教师专业发展瓶颈的校本研修,如改变教研计划的制订方式,让教研更有宽度;丰富教研活动的内容呈现,使教研更有广度;转变教研对象的固定模式,让教研更有效度(让名师走上讲坛,让骨干教师走上舞台,让普通教师走上论坛)。

四是形成了目标导向下的专业发展管理与检核制度。创建"教师专业发展电子档案袋"机制,并据此探索出了一系列目标导向下的管理与检核制度。"教师专业发展电子档案袋"帮助教师在梳理与总结中了解和分析自我,在发展与突破中认清自我,在责任与价值中提升自我。"教师专业发展电子档案袋"的建立不仅可以帮助教师积累、反思、提升,而且依据电子档案袋中各个目标维度呈现的档案资料和教师们当初制订的"教师个人发展三年规划",教师个人和学校可以完成对专业发展目标达成度的检测(如图1所示)。

与此同时,完善了教师自我检核制度(教师梳理一学年来个人专业发展规划的目标达成情况)、小组评议

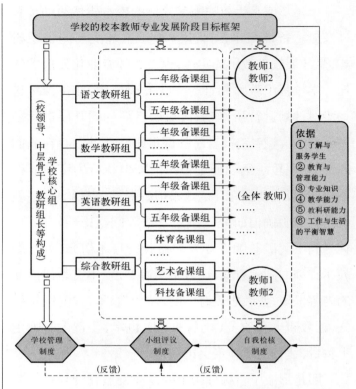

图 1　学校教师专业发展目标达成度检测过程

制度（与当初制订规划时的逐层引领相对应，评议时也是逐层评议）、学校管理制度（核心组的教师将对完成的评议结果进行复议，结合该教师年度专业发展目标的达成情况及评价意见，向该教师进行反馈）。

在对教师的专业发展目标达成度进行检测之后，我们对达成度较高的教师的规划及档案袋内容进行了分析。归因之后，给出如下三点建议。

一是找准目标定位，将自身的专业成长与教研组的重点工作紧密结合起来。教师专业发展目标的达成，与拟定目标的准确性、清晰度有密切关系。目标定位是否准确将直接影响目标的达成度。如果目标定得过高，那么在三年的实施过程中会发现所定目标脱离了实际，难以进一步达成。如果目标定得过低，虽然十分容易达成，但这种达成度显然是无效的，在这三年中教师的专业能力并未得到真正的发展。因此，教师在制订目标时，必须思考清楚自己的目标定位问题，将制订的目标与学校的教研活动、备课组活动紧密联系起来，将学校布置的教育教学任务转化为自己的发展目标，那么在完成各项任务的同时，也就相应地完成了自己的发展目标。

二是在自身发展中，找到最适合自己的成长空间。教师专业发展是教育生涯永恒的主题。发展不是一朝一夕、一步到位的。由于精力、时间有限，各自的重点不同，因此教师的专业发展需要有所为有所不为，教师需要具有错位发展的智慧。教师的错位发展，可以表现为同类学科不同侧面的发展，也可以表现为不同学科的延伸发展；可以是单科向综合发展，也可以是综合向尖端发展。教师专业发展不是一个平面，教师要明确自己的优势所在，量体裁衣，量力而行，找准自己的发展目标，在发展中找到最适合自己的成长空间。

三是在评价、反思、调整中，把控自身的专业成长。规划是相对静态的，而教育生涯是动态的。个人规划不可能一成不变，教师需要经常依据实际情况对规划作出及时的评价、反思和调整。评价，是为了让自己知道下一阶段还需要做什么；反思，是为了让自己知道下一阶段怎么做；调整，是为了解决一些突发状况，从而更好地达成目标。

◆ **教师实说** ◆

"教师个人发展三年规划"助我梦想成真

数学教师　朱晖

2017年1月10日，我收到了国家二级心理咨询师成绩查询通知，当手机上跳出"评定等级：合格"的字样时，我简直不敢相信自己的眼睛，我又反复查询了三次来确认：我的确通过了考试，拿到了二级心理咨询师的资格证。我想，如果没有学校的教师专业发展规划，我永远不可能实现这个读书时就有的梦想。

在规划的"自我分析报告"中我这样写道："最早接触心理学是在大学的课堂上，那时与心理学相关的课程有两门：《儿童心理学》和《教育心理学》。敏感和细腻的个性让我一直对心理学充满了好奇和向往，工作之后兼任班主任，这种学习心理学知识的渴求便成为一种现实的需要。教师需要用自己的真诚和关爱帮助、鼓励班级中的每一个孩子，无论他们的天赋如何，个性如何，家庭环境如何。而心理学的知识能帮助我更好地洞察并理解他们的内心。因为这份共情，他们都给了我更多的信赖，也让我的教育工作开展得更加顺利和有效。"这是我当时真切的感受。这种结果受益于学校的教师专业发展规划，而这个规划可以说是学校助力教师成长的一个工程。

工作已有十五六个年头的我，虽然有了一些工作

经验,但面对个别不懂教育、沟通困难的家长,应对策略还是不够多;自认为懂得教育,满口国外教育,以培养孩子独立性为借口而推卸自己责任的家长也比以前多了,该怎么办? 我在制订自己的发展规划时,在面对"了解与服务学生"这一问题时,我开始反省自己:我是否还有可能做得更好? 怎样才能做得更好? 就在这时,与"学校教师专业发展规划"相关联的一个关于家校沟通的报告让我隐约看到了方向。心理专家在报告中讲到,家长们大致可以被分为四种类型,这四种类型家长的外在表现都由不同的性格和文化背景等因素造成,了解了原因自然就能找到与之沟通的正确方法。看着PPT上四个象限的分割图,我想起了读师范时,基础心理学课上老师画在黑板上的艾森克人格结构图,我的脑海中出现了解决问题的答案。

就这样,我怀着读书时代未能实现的梦,在"学校教师专业发展规划"这个工程的助力下,开始了国家二级心理咨询师的学习和培训。在学习的过程中,我了解到要成为一名合格的心理咨询师,首先自己要有健康的心理状态。因为心理咨询工作的根本目的,在于帮助求助者减轻由内心世界的矛盾冲突导致的情绪和行为困扰,并帮助他们在自我认识和自我改善中达到心理的健全与成熟。如果咨询师自己内心存在认知的盲点以及未处理的矛盾冲突和情绪障碍,那么他(她)将不能很好地帮助求助者澄清认识中的扭曲点,化解其内心的冲突与矛盾,并且可能在咨询中不自觉地将自己的不良情绪投射给求助者。只有自己的内心是健康的，给别人做咨询才是自信的。我在多年的教师职业生涯中体会到，要成为一名合格的教师，也需要健康的心理状态，因为我们的工作也需要有积极、正面、乐观的情绪和价值观来影响我们的教育对象，在这一点上两者是相通的。

在系统地了解了心理咨询工作之后，我通过自我反省、自我分析，进一步认清自我，清理自己的症结，完善自己的人格，为今后的咨询工作打下良好的个人品质基础。

我在自己的教学中一直十分重视帮助学生建立积极的学习心态和良好的学习习惯。在我今后的职业历程中，我可以用自己心理学方面的知识，在这个领域深入挖掘下去，使自己在这方面能够有独到之处，做好家长的工作，为我的学生的成长助力，也为自己的人生增添色彩。

在"自我分析报告"的最后我这样写道："我的职业奋斗目标是做好教师工作的同时成为一名优秀的心理咨询师，为学校的心理咨询贡献自己的力量，让更多的学生得到帮助与成长，同时也让自己的人生更有价值！"这是我当时写下的内心独白，今天打开我的规划，我想我拥有了平衡工作与生活的智慧。

3. 课题支撑

课题是学校工作深入开展、获得预期发展、达到预定目标的有效载体，通过专门的、系统的课题研究、论证、设想、比较，形成合乎实际情况和未来发展所需的

解决方案,供学校实施、使用。汇师小学的教师专业发展正是借助课题的这一功能,在有了校长决策、学校意志后,集中学校力量,通过课题的形式对教师专业发展进行高位定向、深层开掘、精细把脉,提出方案,并以成果化的方式落实到位,为教师专业发展这一学校生命质量工程提供切实有效的保障。

（1）课题研究的功用

汇师小学运用课题为学校工作服务并且收到了很好的效果,是一个成功的范例。这要归功于汇师小学领导的决策力、洞察力、推进力等因素,也要归功于各级教师的参与力、响应力、实践力等因素,还要归功于课题本身的功能、作用等因素。汇师小学的领导和教师认清了教师专业发展的重要性,抓住了课题的特有功用,从而产生出科学向上的正能量。

从汇师小学的实践看,课题研究有以下四个方面的功用。

一是服务功用。真正的课题研究不是为做课题而做课题,而是根据学校工作需要进行的,它首要的任务是为学校工作服务。课题研究只有在为解决学校的突出问题而开展并且其成果得到应用时才能显现出其价值,它依附于学校工作而存在,离开了服务功用,课题研究一文不值。汇师小学的"目标规划和管理导向下的教师专业成长研究"课题,正是结合学校急需解决、重点提升的学校发展的重中之重——教师专业发展这一命题,以校本化发展为基点,通过全方位的研究与攻关,在服务中体现价值,在过程中强化服务,始终联系实际、围绕服务，真正承担起为学校重大发展方向、重大工作决策服务的重任。

二是导向功用。汇师小学的"目标规划和管理导向下的教师专业成长研究"课题是学校重大课题，是经学校慎重决策立项的，体现了学校的意志，表明了教师专业发展在学校工作中的重要地位，这意味着教师专业发展被摆上了学校的"桌面"，上了学校的"新闻排行榜"，吹响了进军的"号角"，昭示了学校决意开展教师专业发展工作的新动向、新要求。课题立项本身就很清楚地向全校教师传递出明确的信息，具有导向作用。随着课题研究的深入，其导向作用与示范作用会愈加明显。如对教师的分层管理，教师发展及其量化标准，就是教师即将开始的专业发展的启动"按键"，是迫在眉睫的事情。

三是深化功用。课题一般是在学校有了初步意向或初步决策之后，想要进一步推进以取得预期的效果而立项的，课题研究的功用之一便是深化初步的决策与意向，提出符合实际的意见、建议，形成切实可行的解决方案。课题研究不再是从原则到原则、从论证到论证，停留在设想和粗浅的研究状态中。课题研究一定要做到对主题立意、达成度进行逐层分析，提供观察视角，提出可行办法，即对主题目的、目标进行有效的深化研究，设计出可供实践的模型方案。汇师小学的上述课题从调查研究入手，先对原始调研材料进行科学分析，得到有关教师专业发展现状与愿望的第一手资料，进而进行深入研究，深化课题内容，达到深化主

题宗旨的作用。

四是细化功用。课题是用来解决工作和发展中的问题的,因此课题要有贴近现实、引领未来的特点,具有可操作性,这样的课题才能付诸实践。课题内容的实施部分一定要做到细化,条条落实,都具有可操作性,不能过于笼统。实施部分过于笼统,意味着有较多的手段与途径都可以尝试,不同的手段与途径会带来不同的效果,而这些效果不一定是课题设计者的本意,从而给执行带来许多困难。

汇师小学的课题很好地体现了这种细化,而且是校本的细化,如"教师专业发展电子档案袋""顶层目标导向下分层引领的教师个人专业发展规划""基于教师需求分析的校本研修活动计划""目标导向下的专业发展管理与检核制度",都十分详尽地描绘了解决方案中的实施步骤与操作细则,给学校实施课题内容提供了准确无误的样本与说明书,使之不会在具体实施中产生歧义以致走样。

（2）课题研究的切入点

课题研究切入点的选择,对课题研究的有效性和完成质量至关重要。课题研究的切入要服从任务需要,也就是人们常说的问题导向、任务引领,即以要解决的问题线索为导向,以要完成任务的目标为引领,这样才能瞄准课题研究的靶心,抓住课题研究的重点。从存在的问题、现实的状况入手,这些薄弱环节正是迫切需要解决和加强的问题。结合学校发展目标和改革创新举措,提出本课题的有针对性的解决方案,是课题研究的重要内容。

找准了课题研究的切入点,就能沿着正确的研究方向顺藤摸瓜,层层深入分析原因、提出措施。汇师小学的"目标规划和管理导向下的教师专业成长研究"课题以任务引领、问题为导向,牢牢抓住研究对象的实质与要害,方向对路,研究对题,分析有据,措施得当,是完全校本化的,是有汇师小学个性特点的教师专业发展的规划蓝图、实践摹本。

汇师小学课题研究切入点之一:

汇师小学在长期的实践过程中发现,当教师的教龄达到一定年限或工作量达到一定程度时,由于自我意识、工作压力、工作动力等因素,其专业成长往往会进入瓶颈期。此外,发展问题并不是我们通常认为的只有中老年教师才会遇到的问题,而是处于职业生涯不同发展阶段的教师都会遇到的共性问题。职初期的教师缺乏经验,遇到困难时容易望而却步;积累期的教师虽有专业成长的热情,但是因为年轻,所以对自身发展的方向和自我定位往往不够准确,如果没有专业目标的引领,其发展热情就会逐渐消退,从而进入职业倦怠期,遭遇成长瓶颈;成熟期的教师随着年龄的增大,在已有的成绩和经验面前,往往容易满足,不再有专业诉求,从而失去奋斗目标,造成专业发展动力不足,专业成长停滞不前,甚至出现倒退的现象。无法保持持续发展的态势就会对自己的职业产生倦怠感。因此,如何进一步从专业能力角度激发教师保持前行的动

点评:发现各年龄段教师都不同程度地存在职业倦怠期,遭遇成长瓶颈,是汇师小学决心解决教师专业发展难题的动力之一。找对问题是解决问题的最好钥匙。

合作

规划

成长

践行

力,成了一个难题。

汇师小学课题研究切入点之二:

为了保持教师专业发展的内驱力,学校通常采用的方法是引导教师制订"教师个人发展三年规划"。然而,对不少教师而言,规划仅仅是文本,是用来应付检查的资料,而非唤醒专业成长的动力。

教师个体的专业发展规划与学校整体发展诉求之间有何联系?如何通过规划的制订唤醒教师专业成长的内在动力?带着这一系列问题,汇师小学尝试以目标导向为抓手,引领教师突破瓶颈,实现专业成长。

(3)课题合作

学校开展重大重要课题研究通常采取合作的形式,外部合作主要有校际合作、学校与区域内教育机构合作、学校与区域外教育机构合作等形式;内部合作主要有校级层面与各(相关)年级组教研组合作、各(相关)年级组教研组之间合作、教师个人之间合作等形式。合作的好处是集中力量、优势互补、扬长避短、各取所需,避免由单一组织承担课题研究导致的各种问题。

重大重要课题研究通常采取合作形式的另外一个原因是其研究对象事关全局,对单位发展起着举足轻重的作用,靠单一层面的力量难以关顾全局或往往力不从心,需要通过合作的形式实现目标。

由此看来,课题合作是保证课题研究质量的重要方式之一,合作能产生合力以及思想火花,能使方案优

点评:做实教师专业发展这一重大命题,不是靠制订简单的规划,而是要在宏观上结合学校的发展目标,在微观上由专业目标和内驱力引领,教师由被动参与变为主动参与,实现校本化教师专业发展的任务与目标。

127

化。汇师小学的课题是校内各方合作研究的产物，凝聚了全校上下各方的智慧，是学校主体意志的反映。

合作形式主导下的课题研究，能最大限度地吸收广大基层教师的意见、建议，反映他们的心声，是学校决策与倡导的一次预演。

相关链接：

课题研究的基本思路是：校级调研和引领→分层引领和制订→分级开展研修序列→校级目标考核和管理。在学校内部实现先自上而下、再自下而上的参与式专业发展目标规划过程，在规划的系列活动过程中逐步形成学校的校本教师专业发展分阶段框架、教师个体的专业发展规划、各级专业研修计划序列、专业目标发展检核和管理制度等显性成果。

为实现上述研究目标，汇师小学主要从三个层面开展课题研究并各自承担相应的任务。

学校层面——分析学校师资现状，制订学校教师专业发展的阶段式要求框架，引领教师的理念与需求，强调唤醒教师的专业发展需求。

教研（年级）组长——帮助教师制订目标规划，根据组员目标规划制订教研组的研修活动计划，强调在引领他人的过程中寻求自我专业发展的突破。

教师个体——在个人专业发展目标下参与各类研修活动，自主投入和选择部分研修活动，强调个人发展目标导向下的自我发展。

汇师小学的课题研究合作层次分明，分工明确，任

务清晰,传导有序,合作中有分工,分工中贯彻落实整体的意图与要求,这种合作充分体现了校本原则和广泛参与原则。实践证明,这种三个层面的合作机制对高质量完成课题是十分有效的,对正式实施教师专业发展工作步骤与措施产生了积极影响。

(4)课题效应

课题研究不仅可为立项者提供找到本研究主题解决方案的机会,而且可让研究者在研究与实施过程中发现更深层的问题,这些问题可能是立项之初未曾考虑到的。随着课题研究的展开,研究者对问题与现象进行剥丝抽茧式的剖析,发现了问题中的问题,引出了问题分叉,取得了课题研究的附加效应。这种附加效应是研究者期望得到的,一是说明课题研究进入了深层地带,"拔出萝卜带出泥",问题的制约因素、隐藏因素与关联因素浮出水面;二是因为任何事物都不太可能尽善尽美,一个问题被发现解决了,另一个新的问题又会产生,又需要我们去研究解决。课题研究和实施中出现新的问题,正好给了我们重视它、分析它从而解决它的机会。

所以说,课题研究本身是为了解决当前问题,其所发现的关联问题为以后的问题解决留下了"路标"。在课题研究与实施中,新发现的问题引起研究者的思索,引起同仁的探讨,引起新一轮的研究,再引起新的思索……循环往复,课题研究的对象日臻完善。

汇师小学的课题研究,充分利用了课题的这种附加效应，体现了汇师小学科学研究、认真做事的严谨态度，善于发现问题的敏锐眼光，以及勇于承认问题、直面问题的勇敢品质。

案例一：

在研究中，学校成立了一支以各部门负责人及学科组长为主要成员的研究队伍，作为核心组全面负责课题的研究工作。核心组定期召开例会。例会绝不是简单的任务布置会，而是一个相互之间统一思想的交流会。每一次例会，核心组的成员都是带着想法来，带着思考离开。围绕一个问题或者一项任务，大家各抒己见，有时甚至会争得面红耳赤，但不会有人因此心生芥蒂，因为这是一种很纯粹的学术讨论。正是有了这样的交流，这样的争执，大家的认识才能逐渐从分歧走向统一，工作也才能从零散走向系统。

案例二：

在课题研究遇到困难陷入瓶颈的时候，学校多次邀请上海市教育科学研究院的专家来校进行零距离的指导。专家高屋建瓴的指导常常能让我们茅塞顿开。在专家的指导下，我们以"任务驱动"为理念，营造了浓郁的研究氛围。更重要的是，通过课题研究，教师们对自己的现状，对未来的发展，对如何准确定位，对如何制订规划，对如何在规划的指引下实现专业成长，都有了清晰的认识。

点评：汇师小学不是进行纸上研究，而是在大范围内进行充分的思想、学术与工作交流。正是这种求真务实的交流，孕育了思索求真的品质，对完善课题、发现问题起到了很好的作用。

点评：汇师小学不搞关门研究，请校外专家指导能补充新鲜"空气"，增加"含氧量"，提供新的思路与方法，这对课题的研究无疑是有益的。

案例三：

回顾三年的课题研究过程,有突破也有困境,有经验也有问题。

通过研究,我们在如何引领教师制订恰如其分的专业发展规划,如何基于教师的需求开展行之有效的校本研修活动,如何通过管理与检核制度促进教师的专业成长,有效提升教师的职业幸福感等方面探索出了一些做法,也总结了一些经验。但在实践的过程中,也存在一些问题,需要我们在今后的实践中设计出更加合理的方式加以解决。

一是年度规划与学年教学计划不匹配,影响备课组研修计划的制订。

由于要将教师专业发展的目标达成情况纳入教师年度考核中,因此,专业发展规划的制订是以年度为单位的,但教学计划是以学年为单位的,这就给规划的实施和达成带来了一定的困难。例如,对教师来说,同样的年度发展规划可能需要在不同的年级中去实施。而年级的变化可能带来备课组成员的变化,对象不同,需求不同,重点突破的目标不同,给组长更有效地安排备课组研修活动带来了一定的困难,同样给教师个人的目标达成带来困难。因此,在新一轮教师专业发展规划制订中,我们将把这两种情况有机地统一起来,让组长能够依据组内教师的需求设计出更加适切、有效的研修活动,也让教师有充足的时间去完成自己的年度目标规划。

二是目标规划的动态调整不够及时,影响目标达

点评:课题结题并不意味着一切都大功告成了。对课题研究及实施过程中出现的情况,汇师小学及时作出整改安排,积极弥补,用正确的措施将新问题对课题研究目标的不良影响消除在萌芽之中。

成度。

教师专业发展规划一般以三年为一个周期（从2017年开始以五年为一个周期）。在这三年中，难免遇到一些突发状况，例如，工作团队中有成员调离本校，影响团队项目的完成；根据学校工作的整体安排，教师任教年级甚至学段发生变化，导致实际工作与原先制订的目标规划不一致，影响目标的达成度。遇到类似情况时，我们缺少必要、及时的跟进措施，使得有些教师没有及时调整自己的目标规划，有些教师虽然动态调整了自己的目标规划，但是由于学校层面没有及时地对教师调整后的目标进行指导与沟通，从而影响了最终的目标达成度。因此，在新五年规划的实施过程中，要加强对突发情况的关注，在检测每学年阶段目标的同时，也要注意引导教师重新审视所制订的目标规划，并通过交流、沟通，及时作出合理的调整。此外，学校也要通过培训，让教师们了解更多突发情况的解决方法，以提高目标的最终达成度。

案例四：

教师专业发展，不仅是教师职业的事务性安排，而且是教师生活的精神性滋养。在未来的教师专业发展中，我们把"打造教师具有事业感的幸福人生"作为进一步努力的方向和目标。教师专业发展的最终成效，必然是在能力提升和精神愉悦上达到完美的融合。

在工作中感受快乐，在快乐中从事教育工作，不仅

点评：这个反思，一下子把教师专业发展提到了相当的高度，只有经历了透彻的研究、丰富的实践、成熟的思考才能达到的高度。

设计

合作

规划

成长

践行

132

是教师良好心态的直接反映,而且是提升教师生命质量的重要因素;不仅是提升工作效率的必然要求,而且是有效避免职业倦怠,促进自身专业持续发展的有效途径。就教师个体的生命而言,教育教学工作占据了人生整个历程中最美好、最珍贵、最富有活力与智慧的大部分时光。因此,如果教师在教育教学过程中感受不到快乐和幸福,那么他整个人生的幸福指数将在低位徘徊。一句话,成就事业是教师幸福人生的关键。

4. 制度扶持

学校主抓的课题,体现的是学校行政的决心,在今后较长一段时间内,其研究的主题就是学校要贯彻落实的内容。制度支持课题,课题为学校决策提供依据,全员规划、人人参与课题,是学校行政力强化课题作用的表现,表明学校要将课题的研究成果落到实处的决心。

(1)明确的导向作用

汇师小学的"目标规划和管理导向下的教师专业成长研究"课题具有明确的导向作用。一是它把教师专业发展课题放到了与学校发展等量齐观的位置。一直以来,汇师都笃信:课题出人才,教育科研能起到兴教、兴校、兴师的作用。教师是学校办学的中坚力量,抓住教师专业发展,就是掌握了确保学校良性发展大势的主动权。二是汇师小学提出"专业目标导向",它是指引教师做好专业发展的具体路径。其意是指在专家的指导下,教师自己制订符合其发展阶段特点的成

汇师人想到了,看到了,而且正在努力地付诸实践。将教师专业发展与教师职业人生幸福结合起来,是落实以人为本、和谐发展的极好注脚。

长规划，以及在此基础上，开展有针对性的校本研修活动，以此来引领教师实现专业成长。

汇师小学课题彰显了学校对教师专业发展的态度与意志，让教师明确知道学校主推力抓专业发展势在必行，且有落实的措施了。

（2）显见的激励措施

激励是课题的一大功用，好的、成功的课题必然有显著的激励效果，起到不一般的放大作用。汇师小学这一课题的激励是制度与措施的激励，让教师的专业发展由被动转变为主动，用"教师专业发展电子档案袋"作为检测教师自身专业发展与学校发展需要是否匹配的工具，保持教师个人发展与学校发展的同步性。

（3）协调的生涯发展

在当下，教师看重职业天经地义，重视生涯发展的质量无可厚非。汇师小学将教师生涯发展与教师专业发展紧密联系起来，用教师专业发展促进教师生涯发展，抓住了教师专业发展是其生涯发展的基础与核心这一关键点，把主导权交还了教师。

汇师小学根据教师客观存在的差异性，设计具体而有针对性的发展路径，让每一位教师得到适得其所的发展。其中的错位发展理念，为教师找到了最适合自己的成长空间。汇师人认为，教师专业发展是教师生涯永恒的主题。发展不是一朝一夕、一步到位的。由于精力、时间、重点的不同，教师专业发展因此需要有所为有所不为，需要教师具有错位发展的智慧。教师的错位发展,可以表现为同类学科不同侧面的发展,也可以表现为不同学科的延伸发展;可以是单科向综合发展,也可以是综合向尖端发展。教师专业发展不是一个平面,因此教师要明确自己的优势所在,量体裁衣,量力而行,找准自己的发展目标,在错位发展中找到最适合自己的成长空间。

（4）有效的发展平台

教师专业发展是一项工程,学校必须搭建平台供教师发展。平台是教师锻炼的舞台,出成果的摇篮。平台的大小与高度决定了教师水平的高度。汇师小学是通过内涵建设这一平台来为教师提升专业发展服务的。

主要途径是专业目标导向下的校本研修。一是充分发挥备课组的能动作用,在布置任务时用了解满足教师需求的自下而上的方式取代自上而下的方式,从关注教师个体的需求出发,双管齐下,制订备课组的研修计划。二是在表述任务内容时用表格形式取代过去的文字叙述形式,清晰明了,便于执行。三是所有教师都是培训者,体验讲述的感受,加深收获的感觉,分享成长的喜悦,如让名师走上讲坛,让骨干教师走上舞台,让普通教师走上论坛,让众多教师都有展示自己智慧与技能的机会。

有效的平台为教师专业发展提供了切实的保障,学校不少教师获得了市、区相关奖项,教师梯队后继有人。

135

◆ **教师实说** ◆

规划，激励我不断进步

信息教师　郭文

"认认真真做事，踏踏实实做人"是我一直秉承的理念。蓦然回首，竟已在教育行业里工作了二十余年。在这二十余年里，我经历了职初期、职业发展期、职业稳定期。前十年的工作繁忙而有序，教育教学能力逐步提升，但随着年龄的增长，实际工作的增多，个人的专业发展开始逐步放缓，自己的职业生涯开始墨守成规，很难再有所突破。在这关键时刻，学校教师个人发展规划的制订又一次激励我迈开快要停下来的脚步，使我有了新的更明确的前进目标。

一、规划引领——通过理论学习改进教学

人们常说："教师要给学生一杯水，自己要有一桶水。"但随着信息社会的发展，对教师而言，一桶水已经远远满足不了学生的需求，因此，提升知识结构和改进教学方式是我三年规划中必须达到的目标。首先我要了解自己的知识结构缺什么，如何改进教学。作为学校信息科技学科备课组长，我需要全面了解信息化教育的发展现状和变化，需要适应当前信息技术的变化和教学手段的变化。经过分析，我将目标细化与分解，将它落实到每个学期中，这样我的学习目标和教学改进目标就比较具体了。我仔细研读《上海市中小学信息科技课程标准（试行稿）》，充分把握好课程标准的要求，这样课堂教学才能有效。信息科技教学的核心，就

设计

合作

规划

成长

践行

是要将项目活动落实到整个教学过程之中,因此,项目活动主题的确立是关键。我在确立项目活动主题时充分考虑小学生的认知能力和兴趣特点,把握好项目活动的难易程度,使其有研究和探索的价值。例如,在教学"认识计算机"这一内容时,我设计了以"我们的新朋友"为主题的项目活动,让学生认识计算机,了解计算机的组成、用途,了解计算机可以帮助我们完成哪些工作等。学生通过我的讲解与自己的尝试去了解,去观察,寻找问题的答案,对计算机的兴趣油然而生。再如,如何爱护好计算机,形成良好的计算机使用习惯,利用好网上的资源等内容,以往是以我说为主,学生被动接受,现在通过设定"共同的约定"这一主题,大家集思广益,学生们对如何使用好计算机,如何使用好网络资源,如何尊重别人的成果等进行热烈讨论。在讨论过程中,我利用计算机一一罗列谈到的问题,在输入的过程中学生们知道了利用计算机软件可以帮助规范地记录,学生的信息意识在活动中潜移默化地培养起来了,最后,学生对信息科技的使用规范有了一定的了解,更乐于接受"共同的约定"。信息科技课中我也注重分组活动,在分组时我将信息技术好的同学与能力较差的同学进行组合,使他们互帮互助。组内尽量发挥每一位同学的特长,学生学习信息科技的兴趣更浓了,知识技能掌握得更牢了,课堂教学效果真正得以提高。

正因为有了规划,我才能比较准确地把握不足,明确自己的改进方向。近几年,我读的书多了,知识面广了，在教学设计中也更善于运用不同的教学手段；在组织学校教研组活动时，也能带领大家研究新的教学技术，共同积累经验，从中不断提升自己的专业素养。

二、规划促进——积极参与课题研究

在二十余年的教学工作中，课题研究始终是我的弱项，但是要想成为一名研究型教师、专家型教师，开展课题研究是必不可少的，它是教师教学业务水平、理论研究水平和写作水平不断提高的重要途径。因此，在个人发展规划中，我也将此作为专业发展的关键一环。做课题研究，首先面临的就是选题。我在工作中遇到的问题多种多样，数不胜数，但并不是每一个问题都有研究价值。因此在选题上，我将教学中的热点问题作为研究方向。例如，"注重过程性评价促进良好信息素养的研究"这一课题就很有研究价值，后来被确立为区级课题。通过备课组内教师共同研究，我们真正认识到学生信息素养的重要性以及评价的重要性。作为教师，我们需要注重过程，这样才能真正做到客观公正，不能仅以完成一件作品的情况，来评价学生的掌握情况或信息素养的提高情况。教师要从多角度去评价学生的表现，包括他的参与度、技能掌握情况、获取信息的方式、整理信息的能力等，全方位的评价可以增强他们学好信息技术的信心，并促进他们信息素养的发展。有了这次研究经验后，我深感课题研究并不是那么高不可攀。紧接着我借助学校拓展型课程"快乐"平台的开发，参与了市级课题项目"拓展型课程'快乐'平台的应用与实践"的研究。整个研究与信息化平台的

建设同步进行,在研究中我始终带着这样的理念:要充分考虑学生兴趣发展的需求,以平台的创建来促进和完善拓展型课程的开发,改变教师的教学方式;学会站在学生的角度编制学习内容,通过网络平台中的学习指导和微视频的展现,为学生提供更加丰富的网络在线学习指导,从而满足学生对拓展型课程的学习需求。同时,尝试利用平台数据的记录与分析功能,了解学生对课程的关注度,关注其学习兴趣和过程。目前该课题已经顺利结题,其间我也主动参与了课题结题报告的撰写工作。

我从不善于做课题研究到主动积极参与,个人发展规划确实起了很大的作用,规划中的阶段目标时刻指引着我下一步该怎么走,鞭策我在教师专业化发展的道路上不断前行。

（二）教师专业发展的中观鼎力

教师工作于学校的一线,一线的工作环境建设对教师专业发展至关重要。

1. 教研组

教研组是教师之家,是教师职业生涯的"落脚点",是教师专业发展的起点。

（1）教师专业发展的基点

教研组由教师组成,是学校最基层的教学单位,承担着学校某一学科的教育教学任务。教研组在学校与教师个体之间起着承上启下的作用,是连接两者的"桥梁"。学校教育教学任务安排都通过教研组落实到教师,教师通过教研组领受学校布置的学科教学任务。教师的专业发展基本上是在教研组内进行并实现的。所以说教研组是教师专业发展的基点。

汇师小学十分重视教研组的作用。教研组是课题研究的前沿阵地,是课题的实施重心和落实的重点,对教师专业发展有着重要影响。

(2)教师专业发展的"加油站"

教师专业发展是个动态的过程,是一个阶梯接着一个阶梯向上发展的,其中内因、外因都起着重要作用。虽然内因起决定作用,但是通常情况下,教师专业发展与其从事的教育教学工作以及周围环境有很大的关系。工作氛围良好的教研组,能给教师以向上的动力、勤奋的习惯、钻研的劲头、友爱的力量,当教师稍有懈怠时,教研组长或同事便会从旁提醒;当教师一个阶段的"水池"将要涨满时,教研组便会给教师换一个大一点的"水池",给教师继续发展的空间。

汇师小学的教研组就起到了这样的作用,通过课题研究,教研组更是给教师专业发展提供了一种强有力的支撑。以专业导向目标分阶段引领教师成长,用电子档案袋记录成长过程,更加注重科学的考核方式,更加注重教师的幸福人生关怀,教研组的这些举措对教师专业发展产生了举足轻重的影响。

设计

合作

规划

成长

践行

• 教研组长感悟 •

助推青年教师成长

艺术总指导　张莉珉

我是汇师小学音乐教研组的大组长,也是学校的艺术总指导。青年教师的专业发展,是我们学校整体规划中重要的一块。带好青年教师也是我近几年专业发展的突破口。

我校的青年教师教龄多在 2—5 年,在日常的工作中,无论是课堂教学、艺术团队指导,还是校园活动组织,我都感受到她们的青春活力。这种活力不断感染着我,也激励着我们教研组的士气。这些青年教师的活力,来自她们对教育事业的热爱,对学校的热爱。因此,她们在工作中坚持奉行:在充满希望的荆棘中前行,以内养外,活力四射,努力做一名最好的教师。

故事 1:"小儿科"的曲子

每个人的成长并非都是一帆风顺的,对这群刚走出大学不久的新教师来说,也是如此。记得有一天放学后,小胡坐在办公桌前叹气,闷闷不乐地问我:"师傅,我妈妈从幼儿园开始培养我弹钢琴,不论风吹雨打,严寒酷暑,我都坚持每天练琴,才有了我今天的水平(艺术类师范生全国比赛一等奖)。难道培养我到今天,就是为了弹这么'小儿科'的曲子吗?"

听了小胡老师的倾诉,我心头禁不住一颤。原来她们内心也有矛盾、挣扎、彷徨。静心想想,这不就是人成长的规律吗?进入小学工作的第一年,正是她们

从学生到教师的转变期，也称为"职初期"。我认为，这一时期是教师专业成长的重要时期。既然学校指导她们制订了三年发展规划，那么，作为带头人的我，就要紧紧抓住这个关键期，不仅要帮助青年教师建立自己是教师的意识，而且要帮助其建立做好教师的信念。

故事2："不小气"的师傅

在这期间，我自然成了重要的角色。首先我要调整自己的角色定位，对自己提出"舍得放下自我，舍得放弃名利，言传身教"的要求，杜绝"留一手"，要做一名"不小气"的师傅。

作为"不小气"的师傅，我尽量将自己人生中的所思所知毫无保留地传授给青年教师，小到生活琐碎小事、教学用语，大到教育理念、做人的准则。

作为"不小气"的师傅，我尽力为徒弟争取机会，提供机会，不放过任何培养、历练她们的舞台。校级课题申报、见习教师评优、市区各级各类比赛，等等，无一遗漏。

作为"不小气"的师傅，我舍得放弃，懂得给予。各类奖项不是师傅全揽，在获奖面前我拉她们一把。因此，我们教研组青年教师在近几年累积了各类获奖证书，她们看到了努力后的收获，更感受到了自身的价值，为当一名好教师积聚了前进的动力。

故事3："高起点"的培养

"高起点"的培养，是我培养青年教师的重要策略。近几年我陆续有机会参与国家级、市教委多个项目的研究。借此平台,我让青年教师全程参与,在完成项目的过程中,她们聆听最新的教育理念,感受最新的授课形式,接受特级教师的亲历指导,参与现场活动。她们站在一定的高度上,用更广阔的视野,去认识我们的教育教学。

在"高起点"的培养中要给予信任。在参与项目的过程中,我总是给予青年教师更多的空间,相信她们在知识结构、信息储备、思维方式上是具有一定水准的。因此,我给予她们足够的信任,让她们自信地去实践、去尝试、去创新,同时在她们失败时提供温暖的港湾,做她们坚强的后盾。

2014年暑假,我校成立了"京韵润童心"校本教材开发小组,我组青年教师成了主角。开发前期,她们无框架地构思,无束缚地寻找资料,我给予她们足够的信心与空间,然而第一稿以失败告终。但此时,并没有批评声,没有埋怨声,因为我们明白失败是成功之母,好教师应该经得起失败的考验。最后,在她们的努力下,校本教材终于完成了。

我时常用"品咖啡"的方式,去细细了解每位青年教师身上的优势与不足。在我眼里,每种滋味都有自己独到的韵味。像我们校长一样,我也力求用赞美的眼光,去挖掘青年教师潜藏的能量,激发她们做好教师的潜能。小胡灵动,实践能力强,就从课堂实践研究着手;小沈内敛,擅长写作,就进行课题研究、论文撰写;小徐活泼,艺术特长凸显,就帮助她组建艺术团队;小潘研究生毕业,理解力强,就着重多方位的培养。在真心赏识的同时，有针对性有导向地采取一人一策，做到量体裁衣，帮助她们找到最适切的成长坐标，为她们迈出做好教师的第一步做好准备，这是我，一个教研组长的职责。

我想，做最好的教师的源动力来自对教师这份职业的热爱。做最好的教师，让学校英才汇聚，成为桃李的苗圃，人才的摇篮，是我校教师共同的追求！

（3）教师专业发展的"港湾"

教研组是教师的共同体，是教师的精神归宿、工作港湾，是教师实现梦想的温馨之家。教师以教研组为依靠，教研组给教师以后盾。教研组要营造教学上严格要求、学术上刻苦钻研、工作上互相帮助、发展上新老携手的浓厚氛围，真正让教师感到教研组是可以信赖的、驻足的、倾诉心声的教师之家。

汇师小学重视教研组的地位与建设，课题研究凸显了教研组在教师专业发展中的作用，赋予教研组更实际、更有针对性的教师专业发展规划余地，目的是营造有教师专业发展起始点和归属感的氛围，让教师在教研组这个共同之家获得更好的发展。

◆ **教师实说** ◆

努力成为最好的教师

英语教师　陈奇刚

七年前，我从大学法学院毕业后，出乎很多人的意

料,选择了当一名小学教师。幸运的是,我来到了汇师小学,一进校门,我就被这里的和谐氛围所感染,学校领导非常关心青年教师的成长,给予我很多生活上的照顾,工作上的支持,还为我搭建了很多平台,提供了很多机会。这时,我就暗暗下定决心,要努力成为一名最好的教师。

学校非常注重教学流程管理,教师们严格按照学校教学五环节的要求开展教学活动。我觉得这是成为一名好教师的必备条件。四年法学院的学习造就了我较强的逻辑思维能力,我也在潜移默化中形成了严谨的工作作风,并习惯性地将理性思维带入课堂教学中。

在平时的工作中,我认真观察,积极思考,善于总结。去年,学校英语组要申报区示范教研组,学校将撰写示范教研组申报材料的任务交给了我。虽然我不是教研组长,也不是备课组长,但是我还是积极准备,因为在汇师和谐的工作氛围中,教师们非常注重团队协作,无论是平时的日常教学,还是重要的教育教学活动,大家团结合作、各司其职,配合完成各项工作,当我要参加教学评比时,也同样得到了团队成员的积极支持与帮助。我非常认真地梳理了英语教研组最近三年开展的各项活动,对它们进行归纳和整理,对相关经验进行总结,结合建构主义的相关理论,结合区域教研的重点和方向,撰写了"项目驱动、成果转化——项目驱动式教研实践"的报告。在我们全体英语教师的努力下,我校的英语大组第三次成为区示范教研组。

如今我已经在汇师小学工作七年了,我的教学理念有了转变，课堂教学质量也有了提高，还获得了多媒体高级制作员的证书，已习惯将它与学科教学进行有效整合，为我的课堂增添色彩。在汇师小学严谨治学、追求卓越的环境中，在学校领导的真心赏识下，在个人规划的目标引领下，我们更加有信心成为最好的教师！

2. 校本教研

校本教研不是抛开市、区教育主管部门教育教学的文件精神去另搞一套，另立门户，而是结合学校的实际情况和发展需求，深化上级相关规定精神与内容，是上级规定精神内容与学校实际相结合的校本化。校本教研是将上级相关规定精神与内容校本化的手段，是教师专业发展的有效途径。

（1）提升专业水平的上佳途径

教师的专业发展、能力提升与学校的工作环境休戚相关。教师专业水平与专业素养只有在学校这块土壤中才能得到提升，而校本教研正是教师提升专业水平的有效途径。上级相关精神要求是否得到贯彻落实，各项教育教学质量是否达到标准，要在校本教研中得到检验。必须通过校本教研这一手段，因校制宜地把上级相关精神要求落到实处，在这一过程中，教师的专业水平也得到了提升。若离开校本教研，教师的专业水平与能力发展就成了无源之水、无本之木。

汇师小学的课题研究不是把教师专业发展笼统化、表面化、一般化，而是把触角伸向了校本教研的根本之处，是经过消化之后的有汇师特色的教师专业发

展之道,为教师提供了专业发展的有效途径。

（2）对接专业发展的进阶之道

校本教研是教师专业发展的重要通道,它植根于学校本土。学校教学环境是教师最为熟悉的教学场所,是教师专业成长与进步的天然平台。教师的教学心得、经验、得失、顿悟都来自教学,结合校本进行研究探索,是教师专业发展的"良师益友",既是捷径,又是攀升之道。

汇师小学的课题研究将教师专业发展的需求与标准校本化,让校本教研成为教师专业发展的进阶之道。

（3）检验专业素养的有效之方

教师专业发展水平的高低很大程度上取决于其能否立足校情做好教育教学工作。要想取得较好的发展,教师就需要有校本教研的知识与能力,即有把上级有关精神要求与本校实际相结合进行研究并取得较好效果的能力,这就是校本教研的本质与精髓。校本教研是有目的、有目标、有方向、有效果的研究手段与方法,只有了解校本教研的本质,掌握校本教研的方法,做校本教研才能游刃有余,取得预期效果。

汇师小学的课题研究鼓励教研组及教师立足校本教研,培养校本教研的习惯,在校本基础上谋求教师专业发展,既点到了教师专业发展的核心之处,又检验了教师专业发展水平的高低。

3. 同伴互助

教师同伴是学校内教育教学工作上的伙伴,是教

师之间接触最频繁的同事,由于工作性质相近或相同,他们之间有许多专业上的共同语言,是相互帮助、共同提高的"左邻右舍"。

(1) 碰出火花

教师同伴,尤其是同一教研组内的教师同伴,由于工作内容相近或相同,在平常交流、备课等活动中,会就某一问题或现象发表各自的看法和见解,不免会引起思想交锋、观点碰撞。碰撞是好事,对教师双方彼此吸收新观点、新见解,充实自己的思想均有益处,而且教师同伴之间不经意的交流是最为普遍和寻常的行为,这种看似非正规的交流产生的效果是其他许多形式无法替代的。同伴可以是教研组内的,可以是相同或不同学科之间的,也可以是不同教龄的。交流产生共鸣,碰撞带来灵感。鼓励教师同伴互相帮助,携手进步,是良好教育教学环境与人文氛围的标志之一。

汇师小学对这一点是极力提倡并实践的。例如,在课题研究中发动核心组等研究组合对问题进行广泛讨论,发表意见,碰撞出火花后最终取得共识,这种做法有助于课题研究更接地气,教师也从中得到锻炼。

(2) 取长补短

俗话说,三人行必有我师,三个臭皮匠顶个诸葛亮。教师之间经常就教育教学问题进行交流切磋,就会发现自己的长处与优势在什么地方,自己的不足与劣势在什么地方。同样,也会发现其他教师的长处与优势在什么地方,不足与劣势在什么地方。彼此坦诚相见地交流切磋越频繁,就越能学到彼此的长处与优点。教师之间交流切磋不必局限于固定的两人或少数人,人数多多益善,有条件的话可以与圈子外的教师进行更广泛的交流切磋。教师之间的交流切磋,能使教师获益匪浅,能在一校范围内尽量做到博采众家之长。

（3）合作捷径

有人群的地方就会有合作,教师之间也会有合作,其方式包括:为完成相同学科单元教学任务开展的合作,为完成同一课题研究开展的合作,为完成某一临时任务开展的合作。总之,合作形式多样,无处不在。教师会因工作、教学、科研走到一起,大家相互熟悉,从而相互合作。因是自由组合,教师会寻找性格、能力互补的搭档,合作时能达成高度默契,形成非正式团体具有的高效率的节奏,是不可多得的合作捷径。

（4）方便有效

教师同伴互助无须舍近求远。良师就在身边,益友就在眼前,知己就在跟前,这是最大的便利,互助与互帮唾手可得。由于教师同处一所学校,担任相同或相近的教育教学工作,在同一环境中有更多的相同感受,他们能很方便地彼此交流与帮衬,共同提升专业水平。

由于长期处于相同环境,容易产生审美疲劳,一些教师对身边其他教师的长处和优势"视而不见""熟视无睹",认为本校本教研组的教师无多少东西可学,大家的学识与水平都差不多。其实这是"身在福中不知福"。用仰视的目光、谦逊的态度、求知的姿态去审视周围,就会发现他人具有自己之前没有发现的闪光点以及宝贵经验。心态决定视野,请教师珍惜所处的环境,充分利用便捷的同伴互帮互助的优质资源。

（三）教师专业发展的微观发力

教师专业发展是学校所要推行的举措、达到的目标,是学校获得发展的人力支撑。但是,教师专业发展要靠教师本人的修炼与努力才能获得。处理好个体与学校的关系,是确保教师专业发展取得良好效果的关键因素。

1. 教师群体与个体的关系

教师身份首先是以个体形式出现的。一个个不同学历、职称、资历背景的教师个体聚集在一所学校,组成处于同一环境中的教师群体。当进入一个教师群体,教师个体的不同个性特点要服从于教师群体的发展。不同的教师群体既受学校办学宗旨、校园文化的影响,带有明显的学校校风的痕迹,又会带有学科特点和教学教研过程中形成的集体风格。对教师专业发展来说,个体的需求要服从群体的需求乃至学校发展的需要,在满足群体与学校需要的同时,又要尽可能地兼顾教师个体的愿望与需求,使彼此都能得到相应的发展。

（1）群体高于个体

教师个体处于群体之中,是群体先满足个体需求,还是个体服从群体大局? 说到底,两者谁高于谁? 这

个关系要处理好。个别个性比较强、比较张扬的教师会认为教师个体发展是天经地义的,是首先要满足的。但是,这里有一个前提,教师专业发展的目的是什么?是为了谁? 教师专业发展离开了学校的发展,会有什么结果? 弄清楚了这些问题,谁高于谁的问题便一清二楚了。

(2)群体重于个体

教师群体与个体孰轻孰重? 正解是教师群体重于教师个体。教师服务于学校,为学校发展工作。既然教师选择服务于学校,那教师的教学工作、个人发展就要服从学校的需要,然后才有个体自己的发展空间。教师个体的专业发展与学校发展需要趋同,才有意义,才有作为。偏离学校发展需要而任意进行个体的专业发展,定会成为"两张皮",成为失去依托的发展。教师群体是学校的细胞,担负着实现学校发展目标的相应任务,教师个体应服从教师群体需要,融入群体之中,从中获益。

(3)群体发展优先

教师群体是教师个体的有力屏障,是教师成长的集体记忆。教师个人的进步,离不开群体的关心呵护,教师群体对个人成长的影响不可估量。即使教师个体脱颖而出,也是长期浸润于群体土壤加上自己努力的结果。离开了群体的帮助与影响,个体的力量微不足道。有句话:一人红红一点,大家红红一片。只有大家红了,个人的成色才会更纯正,颜色才会更鲜艳,红花还需大片绿叶衬托呢! 正确认识并处理好群体与个体

的先后关系,是教师保持良性专业发展的前提。单打独斗,一味谋求个人专业发展是不能长久的,于学校发展也是无益的。

(4) 兼顾个体发展

教师群体发展是以教师个体发展的成就来呈现的,个体发展是群体的整体发展、正确引导、悉心培养、共同影响的结果。一个好的教师群体,必定是教师个体人才及其成果频出,反过来又促进教师群体形成新的氛围与工作理念,互相影响与促进,实现教师队伍建设的梯次升级。从这个意义上说,群体与个体的共同发展,是学校期望的结果。我们说群体的重要性,是说其作为实现学校发展目标的最小执行单位与实践主体,是学校意志的承载者,群体将教师团结起来,为共同目标而努力。但是这不等于不重视教师个体,不是说其能动性、主动性可以被忽略。相反,应积极发挥教师的主观能动性,使其在融入群体的同时实现自己的专业发展,为学校发展添砖,为个体成长加瓦。

2. 教师整体与个体的融合

融合,是我中有你、你中有我,大家不分彼此,无条件地投入。教师整体与个体的融合也是一样,个体融入整体之中,就像一块糖融入一杯糖水中,还是一杯糖水,不过浓度大了。教师个体融入整体,就要起到为整体增光添彩的作用。

(1) 教师整体与个体专业发展的和谐共生

教师整体与个体发展并不矛盾,不是我发展你不发展的关系,而是希望出现和谐共生、共同发展的结果。教师整体与个体是互为因果的关系,目的是促进彼此共同发展。光有教师整体的外壳,而无教师个体的能动响应,这个整体就没有活力,会阻碍教师的专业发展。教师个体专业发展到位了,整体才会壮大,才能反哺个体。

(2)教师个体发展应以整体发展之需为需

整体发展应围绕学校的发展而发展,教师个体专业发展也应以所在群体发展规划自己的专业发展,明确发展方向与目标。与整体发展之需有偏差,教师个体发展就会成为无源之水,失去方向,即使有所发展,也不是学校期望的结果。教师应努力将自己置于集体之下,加强意识管理,主动服从学校发展和群体发展的需要,在此基础上充分钻研教育教学业务,承接学校或教研组安排的任务和课题,主动作为,奋发有为,才能把专业发展做到极致。

(3)教师整体应重视、包容、加强个体发展

教师整体的责任是帮助不同个体的教师根据学校总体目标做好其专业发展规划,明确阶段发展目标,为教师指明发展路径,提供发展通道,搭建发展平台,使其得到快速、有效的成长。重视是解决思想上想要做好教师专业发展的程度问题,包容是整体尤其是整体的领导的心态问题,加强是具体落实的措施问题,三者做到位了,整体发展和教师专业发展才能得到实质性的推动。

3. 教师集体与个体的匹配

匹配也即相称，双方对得上号，彼此相差不多。教师集体与个体的匹配也同理，相差多了，要么集体满足不了个体发展需要，个体谋求更高层次的发展；要么个体遭集体淘汰，不适应集体的起码要求。

（1）集体发展水平应高于个体专业发展水平

一个平衡的教师集体与个体的关系，应该是集体的组合水平整体上高于个体水平。个体有时尽管比较出色，但是很难做到全面发展；而集体能够发挥整体优势，集中众多教师的长处与经验，这一点个体就难以做到。学校期望的平衡应该是整体水平与个体水平差异不大，整体略高于个体，整体中的个体之间水平能力各有所长，梯次分明，接力有序。这样的教师集体与个体才能做到可持续发展。

（2）个体专业发展应服从集体发展的大局

教师集体与个体的匹配还在于教师个体专业发展应服从集体发展大局，如果关系倒置，那么个体发展便是无序、盲目的发展，远离学校整体发展目标，是不可取的。其结果可能是教师个体得不到真正的专业发展，教师集体也得不到正常的发展，损害的是双方的利益。

（3）个体专业发展应与集体发展目标相适应

为什么说教师个体专业发展要与集体发展目标与需要相适应？个体发展程度大于集体发展程度不是更好吗？需要说明的是，学校整体发展，各教研组（年级组）的学科教育教学发展，以及组中各教师的专业发

设计

合作

规划

成长

践行

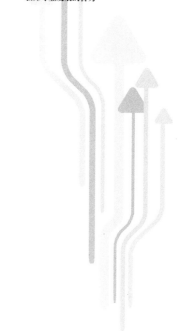

展,是目标依次向下传递的,即由相关教师专业发展水平支持各教研组(年级组)的学科教育教学发展;各教研组(年级组)的学科教育教学发展水平支持学校整体发展目标的实现。因此,教师专业发展是有计划、有目标、有目的的发展,一定要与所在的工作群体的目标任务要求相适应。当然,也有个别教师专业发展超群,一般是这个群体乃至学校层面的骨干教师和领军人才,代表群体及学校的教育教学及科研水平,是群体乃至学校教育水平及科研水平达到一定高度的标志。其他教师要向这个代表的集体靠拢,即要与之相适应,使教师专业发展进入合乎需求,由目标引领的良性轨道。

三、关于圆梦的畅想

——教师专业发展的路径

汇师小学认为，教师专业发展不仅是学校发展的必然要求，而且是缔造教师人生的幸福工程，应力求达到学校发展与教师职业辉煌、人生幸福的高度和谐。这才是力推教师专业发展的真谛。要实现这个愿景，就要唱好这首教师专业发展的"畅想曲"。

（一）教师专业发展的认知

首先，对教师专业发展要有正确的认识，即要明了为什么要开展教师专业发展工作。

1. 教师专业发展的重要意义

教师专业是教师职业活动的核心，教师专业发展是教师维系职业生涯生命力的关键要素，教师专业发展如果不能适应学校教育教学任务的需要，教师如果无法完成相关工作任务，其职业生涯也就将要见顶了。

（1）适应新形势教改的需要

教师专业发展不是无目的的、随心所欲的自我发展，而是首先要适应教育教学改革（包括上海市二期课程改革任务）、教育教学转型发展的需要。教改和转型发展目标的顺利实现，关键在教师，首要的是教师要转型，从理念观念、知识体系、能力手段上适应教改和转型发展的需要。学校由此面临艰巨的任务，迫切要求教师的专业发展与学校完成教改以及转型发展的需要相匹配、相适应、相衔接，有力支持学校发展目标的实现。汇师小学课题研究的目的就是基于对这个根本问

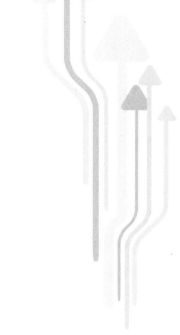

题的考虑。教师队伍建设,核心是教师专业发展的规划与建设,解决好了这个问题,抓住了这个龙头,队伍建设才算落到实处。

(2)提高教育教学质量的需要

一所学校的教育教学质量,取决于教师的教育教学专业水平与专业素养,取决于教师是否有能力胜任本学科教育教学和确保其达到高质量标准。教育教学质量标准在不同时间阶段有不同的要求,教师要想拥有超强的适应能力,就要与时俱进地提升自己的专业知识与能力,以胜任教育教学任务。因此,教师专业发展就显得极为重要,很有必要,并且是校本化的专业发展。任何轻视、忽视教师专业发展的想法及举动,都会对学校可持续发展产生不利影响。

汇师小学正是因为认识到教师专业发展对学校教育教学改革以及转型发展的重要性和必要性,所以以课题为载体,发动全校上下进行大讨论,达成共识,认真规划,落实措施。

(3)提升教师队伍素质的需要

教师是学校办学的主体,教师专业水平与专业素养是决定学校办学水平与发展前景的根本因素,这是由学校的教育性质和培养目标所规定的。一支专业水平与专业素养一般的教师队伍怎能高质量地完成党和国家赋予的光荣使命?怎能按照《中华人民共和国教师法》的标准高质量地开展教育教学活动?教师队伍的综合素质,其核心是教师的专业水平与专业素养,其他的素质都是在此基础上衍生与发展的,它是灵魂,是教师的立足之本、学校的实力之源。重视和加强教师专业发展，是打造高素质教师队伍的重要环节，是提升教师队伍综合素质的重要手段。

汇师小学的教师专业发展以整体提高教师队伍综合素质为目的，用校本教研的方法和专业目标导向引领，进行个性化的、目标量化的教师专业发展，以期实质性地提升队伍素质。

（4）确保学校持续发展的需要

学校要想获得持续发展，就必须切切实实地做好教师专业发展这个永恒的课题。学校工作千头万绪，涉及方方面面，其主要方面是教育教学工作，而支撑教育教学工作的是教师，体现教师水平与能力的就是专业水平与专业素养。归根到底，做好教师专业发展这篇大文章，牵住这根"牛鼻子"，是为学校持续发展提供可靠的人才保障与支撑。有了强有力的教师队伍，学校持续发展就有了不竭的动力。

汇师小学时刻保持清醒头脑，抓住适应区域教育转型发展契机，及时跟进教师专业发展这项重要工作，全方位审视、反思，全员参与学习讨论，全面部署落实，全力做好三年发展规划，争取以教师专业发展的良好状态确保学校良性发展。

（5）关心教师成长成才的需要

当今社会，以人为本深入人心，以人为本的发展是科学的发展，是发展的目的。在学校，以人为本是学校工作的出发点和落脚点。学校发展也好，教师专业发展也罢，说到底，都是为了在学校谋求更好的发展环境

设计

合作

规划

成长

践行

的同时,给教师和学生带来更理想、更人性的工作和学习环境,使其更有幸福感和成就感。有了幸福感、成就感,教师会有更大的动力做好本职工作,进一步提升自己的专业水平与专业素养,形成良性循环。

汇师小学将教师专业发展与教师职业幸福紧密相连,既是手段也是目的,从人文关怀上、终极发展目标上找到了正确的方向,并在学校具体规划中予以落实。这种从大处着眼、微处细化的关心教师成长成才的理念和做法,是汇师为教师精心营造的幸福工程,是对教师最大的关心爱护。

◆ **教师实说** ◆

走好成长中的每一步

音乐教师　徐芸

教师专业发展是教师实现人生价值的过程,是在充分认识教育意义的基础上,不断提升精神追求,加强职业道德修养,掌握教育规律,拓展学科知识,强化专业技能和提高教育教学水平的过程。作为青年教师,面对当前的教育发展形势,我们必须重视专业成长。在汇师小学,每三年一次的个人规划的制订,让我不断明确自己的发展目标,它也是我个人专业提升的助推器,连续几次的规划制订,为我实现人生价值、寻找职业幸福感搭建了桥梁,让我踏踏实实地走好专业成长中的每一步。

一、走好第一步——脚踏实地,敏而好学

从茫然到清晰,从制订每一个目标,到目标的落实，我都在不断地理清思路，明确方向，努力走好教育生涯的每一步。

进入汇师小学第一年，第一次制订"教师个人发展三年规划"，我处于"蒙"的状态。师傅告诉我，制订规划的目的是促进教师成长，我们应该抓住制订规划的契机，给自己制订明确的三年发展目标。当然，提出的目标要恰当才能有效，反之则会起到拔苗助长的作用。反观自己，对我这个零经验的音乐教师而言，当时最重要的就是着眼于我的教学，扎实课堂，先成为一名合格的音乐教师。因此第一次撰写规划时，我的重点落在"提高教学能力"这一板块上，具体提出"熟悉音乐教材，掌握有效的音乐教学方法，能够根据教材撰写规范的教案"的目标。

第二次撰写三年规划时，正是我第一次担任班主任。以前我虽然担任过副班主任，但是班主任的经验是零。我每天大部分的时间和精力都花费在烦琐的班级事务上，如：交各种回执，收各科的作业，完成各项活动通知，等等；还要面对学生的各种问题，如："老师，他打我了！""老师，她刚才拿我橡皮！""老师，刚才他在厕所玩水！""老师……"这一切对我都是挑战。苦恼之时，我也深深意识到，班级管理是一门很深的学问，它不仅需要教师的工作热情，而且需要班主任工作的理论支撑和得当的教育艺术。而这两点，正是我缺少的。因此，在2014年制订分年规划的"教育管理"板块中，我明确提出了自己班主任工作的成长计划。同年，学校根据我的需求，让我参加了区班主任培训班，通过个

人学习、专业老师的指导、同行间的交流,我这个"门外汉"对班主任工作有了初步的认识和了解。我在规划中还定下了一个学习方法,就是多问身边的"师傅",通过观察、提问、模仿等方法来学习有经验的班主任管理班级的有效方法,把工作做细、做好。渐渐地,班级氛围有了改变,同学们的学习积极性也有了提升。通过有效的规划学习,从量的积累转化为质的改变,我对做好班主任工作有了信心。

二、走好第二步——抓住机遇,齐头并进

生命的精彩,就在于勇敢地接受挑战。第一个三年规划中的"教育管理"板块,我在不同阶段作了不同的安排。前两年致力于班主任工作研究,最后一年,领导给了我一个很好的学习和锻炼机会,我因此也迎来了新的挑战。除了执教音乐,我还协助大队辅导员开展儿童团工作。从那天起,我就暗下决心,要树立坚定的信心,不断学习,不断进取。岗位、职责的变化,使我在近几年的规划中又有了崭新的努力方向。

(1) 熟悉少先队工作,抓好音乐教学

从 2015 年起,因岗位的变化,我把"教育管理"板块的工作重心放在熟悉少先队各项工作上。从协助老辅导员工作,到自己独立负责低年级儿童团的常规工作,如升旗仪式、红领巾广播、团干部会议、"三比"流动红旗评比,以及落实和开展区级各项工作等,我都在不断磨砺自己,慢慢成长。同年,规划中我在"管理"板块有了新的工作方向,同时在"教学"板块中,我也对自己提出了进一步的要求,设立了新的目标:夯实课堂教

学，勤于执笔，积极撰写课堂教学反思；平日多积累素材，为写论文做准备；在区、校、外省市的公开教学中，积累教学实践经验。当 2013 年上海市学生舞蹈节举办论文比赛时，我也积极参与并获得了奖项。

（2）参与名师基地，实战提升能力

2015 年，学校为进一步提升我的能力，便于我实现自己的目标，让我参加了"上海市少先队辅导员名师工作室"。通过学习培训、同行交流，我的工作能力和理论水平得到了提升。培训班里名师、专业团队的直接指导，让我了解了少先队、儿童团的入队、入团的整个系列活动要求和内容，以及少先队的一些基本礼仪。通过观摩兄弟校的入团入队仪式，我对我校的低段儿童团系列活动也有了一些自己的想法和思考。我抓住二年级入队活动这一机会，进行了"二年级少先队入队活动课程化"的研究，并申报了校级课题，后通过专家指导，成功申报了区级"德育百题"。

我的特长是舞蹈，除了将之体现在课堂教学中，还如何更好地用在少先队活动中呢？于是，我将发挥自己的特长作为新三年规划中少先队活动的突破口。例如，确立主题为"扣好第一粒纽扣，争取加入少先队"的活动，学生集体学唱《习主席寄语》，歌词朗朗上口，旋律简洁明快。我独创借助手语，帮助学生记忆歌词。这样，既符合学生的年龄特点，又让学生运用舞蹈元素，让学生开开心心地动手动脑，体现积极向上、从小立志的少年儿童形象。我原创编排的少先队主题舞蹈《红领巾、红纽扣》，整个作品代表了全体学生的心声，表现了儿童向往少先队组织,热爱红领巾的情感。由此,唱歌、舞蹈和少先队活动紧密结合,优化了少先队活动,使其朝特色化发展之路迈进一步。

三、走好第三步——与时俱进,尽责履职

根据学校新五年发展规划,我制订了个人规划,其中最主要的是积极参加学校德育课程建设,推动德育活动系列化;梳理学校儿童团活动项目,设计富有新时期特点的儿童团活动,争取开创我校儿童团工作新局面,争做"活动型""理论型""经验型"的辅导员;善于总结工作中的实践经验,使广大儿童团成员在活动中得益,助推我校少先队活动特色化、系列化的形成。面对新形势,只有不断探索,不断创新,用扎实的理论和踏实的步履去推动工作向纵深发展,才能使我心爱的教育工作跃上新台阶。

"路漫漫其修远兮,吾将上下而求索。"我将在学校规划的指引下,用生命的活力、工作的激情、灵动的创造力不断完善自我,发展自我,实现自我!

2. 教师专业发展的原生动力

正确认识教师专业发展,是做好它的前提。有了正确的认识,就会有坚定不移的信念和决心以及付诸实践的毅力,这是教师专业发展的原生动力。

(1)培养目标与学校发展的必然要求

进入新时期,上海市四个中心建设和国际化大都市的定位,要求教育与之相匹配,为之提供源源不断的合格人才。基础教育作为整个教育链中的基底部分,

起着十分重要的奠基作用。汇师小学作为徐汇区小学基础教育的一面旗帜，要在这一轮的教育转型发展中再创辉煌。汇师小学全力打造教师队伍建设，全面推进教师专业发展，是新形势下学校发展与培养目标的必然要求。

轨迹 1：教育事业是教师专业发展的基本动力

教育，既是育人的事业，也是幸福的事业。把教育从"职业起步"发展到"事业成功"，这是教师实现"职业人"与"幸福人"融合的基点，也是教师专业发展的基本动力。

关联点 A：基本认识——明晰教育的使命

教师对教育使命的认知，决定着其未来职业的走向。汇师小学引导教师不断认识、再认识教育，对教师专业发展起着引领作用。

◆ 纪实卡片 ◆

教育归根结底是培育人

语文教师　俞一

教师专业发展的核心是创造性教育观的形成和发展。对教育本质认识的不断深入，让我意识到创造性教育观必须从偏重教师的"知识本位"，回归到重视人完整生命发展的"生命观"的立场上来。刚制订"教师个人发展三年规划"时，我担任五年级的语文教师。由于客观原因,我对学生的学习成绩还是比较在意的,在规划中也谈及了"帮助学生补缺补差,提高成绩"等发展目标,但是并未将关注学生心理健康等目标写入规划。在校本培训聆听专家讲座后,我意识到自己的"知识本位"思想过重,并反思自己作为一名教师的价值是什么。从生命的角度来理解,教育的本质归根结底是培育人。培育什么样的人?培育的是有创造精神和智慧,具有人文精神和审美能力的人。教育只有彰显"生命意识"才符合新形势下的教育观。于是,我及时调整了三年规划的目标,包括系统学习教育理论,关怀学生的道德情感和心理健康,并作案例分析。学习逐渐改变着自己的行为,在教育教学工作中,我力求以人为本,从生命意识的高度来认识和理解教育目的、教育过程,形成以发展学生的精神生命为本的教育观、教学观等。

做学生喜欢的教师

语文教师　陈如

在学生时代,我特别佩服我的老师们。他们渊博的知识、飞扬的神采令我折服。因此,我也选择了当一名教师。站在三尺讲台上,许多双渴求知识的目光看着我,这让我很满足。

后来,我认识到课堂不该是一言堂。我应该关注学生的学习过程,让学习变得更为有效。因此,我给自己定下了积极参加教研活动,能依据教学实际问题开展研究或参与学校课题研究工作,适当收集和整理资

点评:教师专业发展的基点是对教育本质的充分了解和理解。

167

料的发展目标。

前几年，我发现，要让学生喜欢语文课，就要让学生喜欢他们的老师。语文学科是一门人文学科。我不仅要关注学科的本体知识，而且要关注学生在学习中的情感，在了解学生情感的基础上，站在他们的角度为他们服务，为他们着想。于是，我将自己接下来的目标定位为：了解不同类型学生的特点，能够抓住各种契机，有针对性地开展班主任工作；能深入到学生群体，保持对学生心理状态和情绪变化的敏感性。因此，我努力将学科知识与德育整合，兼顾学科的本体知识和德育渗透，让学生在我的语文课堂上得到情感与文学的双重收获。

现在，我的学生都很喜欢语文课，在课后还愿意与我进行各种话题的讨论。我不仅在教育教学中有了自己的想法，而且收获到了一份快乐。

关联点 B：基本认知——从职业走向事业

教师职业是起步，教师事业是发展，从职业走向事业，这是心路历程。

• 纪实卡片 •

不断攀登事业的高峰

语文教师　陶佳

做了十几年的教师，我积累了比较丰富的教育教学经验，能比较自如地承担起工作的责任，也能比较娴

点评：教师的精神境界，影响着专业践行

168

熟地面对一个班集体在成长过程中出现的种种问题，对各项工作比较得心应手了。

但是面对自己渐渐长大的孩子，总想在她面前做个表率，于是我再次督促自己要不断地寻求自我突破，不断跨越新的高度。从高一级职称的评选开始，英语、计算机、专业知识的考试，专家的听课、面试等一步步走来，不但给孩子做了榜样，而且自己的从教心态更平和、更理想了。

做好一份职业需要认真钻研，圆满地完成教学任务；而做好一份事业更需要全身心投入，需要由内而发的对教师工作的热情，并不断提升成功育人的信念。面对一个个活泼可爱、渴求上进的学生，以满溢的爱意，竭尽所能引领他们每一步的成长，引领他们向着美好的明天扬帆远航！

轨迹 2：成就事业是教师创造幸福人生的关键

在教师的幸福人生中，职业生涯是重要的方面。职业顺当了，生活就有稳定感，心情就能舒畅。而职业生涯的幸福有赖于事业的成功。成就事业的砖瓦构建起幸福人生的大厦。

关联点 A：把专业发展作为幸福的美事

如果教师专业发展只来自外界的压力，那么肯定会缺少幸福感，只有来自内心的期盼，才会产生幸福的追寻。

发展的程度。

◆ 纪实卡片 ◆

成长的幸福感

数学教师　朱茱

点评：幸福是需要积累的。"档案袋"串起了幸福的珍珠。

　　我一直觉得作为一名教师，工作的幸福感都是在点滴小事中获得的，学生的成长进步，班级的集体发展，好的成绩或是学生们的笑脸，都是我的幸福所在。长久以来，我力求在教学课题研究中找到自己的幸福归属，寻找工作中的快乐，体会成长的喜悦。

　　随着课题研究的深入，三年前我开始利用电脑建立了自己的工作电子档案。培养新的工作习惯，只是为了方便自己将工作分类归档，便于期末时进行完成情况的检测。从大的科研课题到学生小档案，一个个小小的文件夹，承载了各项工作的点滴。这是一个无意识的积累。

　　偶然间整理自己的电脑硬盘，我发现这个电子档案的数据已经占据很大空间。轻碰鼠标，一一点开，那种感觉如同翻开了尘封的旧相册，无限感动从指尖流出来。我看见了自己过去几年在教学上的积累，从一次次的开课主题到教学问题的梳理，我甚至找到了自己的教学反思随笔，还有一些很简短的随感日记。按照日期排序，我看见了自己工作中有一种向上的成长力量。那份收获成长的幸福感，像看见一个孩子的成长一样，在我身上发生，呈现，丰满。三年，不短的时间，我在获得专业成长的同时也收获了幸福的

设计

合作

规划

成长

践行

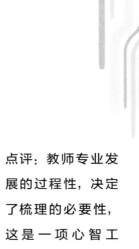

力量。

关联点 B：把梳理发展规划当作幸福的盘点

梳理教师专业发展规划，通过自我认知达到一个新境界，这对认识自己会起到极大的作用。明白了"我是谁""路在哪里""我如何走"，教师自然会产生一种幸福感。

◆ **纪实卡片** ◆

在践行规划中获取快乐与幸福

数学教师　徐成

马云曾经说过：创业者一定要清楚两个问题，第一，你想干什么？第二，你需要干什么？这对教师生涯规划同样适用。

"你想干什么？"这一问题，关乎目标的确立，就是规划中重点要突破的方面。比如，在我的规划中，需要重点突破的方面是加强自己在教科研方面的能力，在我的年度安排中，我一步步从加强学习、思考自己的工作实际入手，思考个人与团队的现状。我的目标起点可以定得低一些，先参与学校各级各类的课题研究，积累经验，然后过渡到自己申报校级课题，再发展到个人申报区级课题。这样一步一个脚印，往往效果是最好的。

"你需要干什么？"这一问题，是最关键的部分。我根据"六大维度"，结合自己的目标，逐年落实好自己的

点评：教师专业发展的过程性，决定了梳理的必要性，这是一项心智工作。

规划，这里的措施制订得越详细、越微观越好，写几篇反思，上几节课，撰写几篇论文，越细小越有利于后续的检测与调整。"教师专业发展电子档案袋"将这些细小的目标收集起来，记录个人研修过程中的教学设计、教学反思、教学案例、论文、听课评课记录、获奖记录、他人评价等成果。检测则由个人和学科骨干两方面结合落实，可以促进教师形成自我评价、自我反思、自我更新的能力；同时，由学科骨干开展的检测又可以对教师具有学科特性的内容进行有针对性的指导，使检测效果的评估更加精确。在这个过程中，个人与群体都能获得成长。实践、检测后，后续还要对自己规划践行的过程进行反思，通过反思进行总结，通过反思加以调整，通过反思实现发展。教师们都认为在规划践行中进行必要的反思是促进自我发展，提高自己专业能力的有效途径，有利于实现规划内容的精细化，促进研修效益的最大化。

随着教育的发展，我们随时随地都会成为"新"教师，这就需要我们不断更新自己的教育观、成长观。三年发展规划可以使我们更好地规划自己的职业生涯，使我们牢牢把握住自己的那根"风筝"之线，从中找到快乐与幸福。

在工作中感受快乐，在快乐中从事教育工作，不仅是教师良好心态的直接反映，而且是提升教师生命质量的重要途径；不仅是提升工作效率的必然要求，而且是有效避免职业倦怠，促进自身专业持续发展的有效

方法。就教师个体的生命而言,教育教学工作占据了人生整个历程中最美好、最珍贵、最富有活力与智慧的大部分时光。如果教师在教育教学过程中感受不到快乐和幸福,那么他整个人生的幸福指数将在低位徘徊。我们引领教师制订规划,就是要帮助教师找到"职业人"与"幸福人"融合的基点,而这个基点就是成就事业。

轨迹 3:教师心情舒畅是事业发展的前提

心情舒畅对事业的推进具有重要作用,对校园生活的影响也是重大的。教师的生存状态,除了受到物质条件制约外,更受心情这个"制动阀"的影响。教师专业发展只有建立在个人心情舒畅的基础上,才会有更大的发展。

关联点 A:为教师送去心灵的宁静

心理健康是教师专业发展的前提。健全教师心理,改善教师心理,为教师专业发展提供一片心理上的绿洲,是学校顶层设计的一个重要方面。

◆ 纪实卡片 ◆

教师心理健康,才能教出健康的学生

数学教师　王依

在本次三年规划的制订中,我为自己在"工作与生活的平衡智慧"这个方向上制订了"在工作节奏和生活

节奏中寻找平衡点，保持身心健康"的目标。制订目标时，我就感到这个目标的达成度是隐性的，且无法量化。有感于学校为我们请来华东师范大学心理学教授作"关注学生的心理特征，让我们的教育不走弯路"的专业心理辅导报告，我重新审视了心理学知识对教学和自身心理的调节剂和润滑剂作用。我们所学的"禁果效应""晴雨 ABC 理论""连锁塑造""霍桑效应"等心理规律和效应，不仅可以用来增加学生的积极行为，减少学生的消极行为，而且可以用来调适自身的心理状态。"连锁塑造"在教学中表达了最近发展区的思想，应用到自己身上，就是把步子迈得小一点，把目标定得近一点，适当放缓身心节奏；积极运用"晴雨 ABC 理论"去疏导学生的同时，也说服自己去克服在工作和生活中所产生的不合理想法带来的负面影响，尝试换角度思考同一件事，转换心情的同时更豁达地面对生活和教学工作。教师是助人的职业，只有保持自身身心健康，才能教育出健康的学生。

学会欣赏，才能享受工作和生活

语文教师　钱萍

教育是心灵的事业，更应是幸福的行业，教育是唤醒灵魂、塑造人格的事业。如果教育工作者本身就存在心理问题，怎能培养出心理健康的学生？就教师个体的生命而言，教育教学活动占据了核心部分，如果在教育教学过程中寻找不到人生的幸福，那么他整个人生的幸福又在何处？做个幸福的教师，幸福地做教师，

点评：教师专业发展的过程，是职商、智商和情商的"联席会议"。

既是教育事业的必然要求,也是我们教师个体生命的必然要求。

作为教师,我感到首先要对教师角色有认同感,只有对教育工作有了热情,才能有稳定而积极的心态去进行创造性的教育教学活动。因此,我平时注意调整自己,学会积极面对自己的工作,使自己身心健康。面对生活工作上的种种困难,无论成功或者失败,我都保持一颗平常心,既积极主动地做事,对任何事情都尽力而为,又顺其自然,不苛求事事都完美,始终保持从容淡定的心态。在平时的教育教学中学会欣赏自我,欣赏学生,在教育中享受生活,让学生在学习中享受童年。生活中充满了欣赏,心情才会愉快,幸福的感觉才会悄悄地来到我们的身边。

关联点 B: 正确认知求得平衡

教师专业发展与教师职业生涯发展关系紧密,教师一旦在专业发展上有了新的突破,不仅会有专业成就感,而且会有职业幸福感。这种幸福与成就感,是教师从教事业的力量源泉。

◆ 纪实卡片 ◆

目标达成中的两"量"

语文教师　陈敏

"教师个人发展三年规划"对教师个人成长的作用之大,对每位教师来说都是不言而喻的。因为有了科

点评:落实规划的过程就是挑战自我

175

的过程。

学的规划，教育教学工作得以更好地开展。在近三年的规划实施过程中，对于如何促成规划的达成度，我自己也有了些许感悟，摸索出了两"量"。

一是"量体裁衣"。依据现有的条件采取相应的行动和对策，使三年规划不再成为负担。如在"了解与服务学生"这一目标维度上，我以自己的岗位为规划定位，设立目标，并以主要负责的学校"快乐活动日"方案实施的管理工作为达成目标的工作载体。整个目标达成的过程就是工作开展的过程，不存在任何负担。

二是"量力而行"。按照自己力量大小去做自己能做到的事，把三年规划看作试验。如在"教育与管理能力"这一目标维度上，我在开展常规工作的过程中，尝试为自己设定一些能力可及，但需跳一跳才能达成的工作目标，在推进学校工作的同时，提升自己的育德能力，既挑战了自己，又达成了目标。

轨迹4：生活与工作平衡的智慧是教师幸福人生的追求

在当今时代，我们推崇教师的事业奉献，也倡导教师的生活智慧。一个好的教师，应当完美平衡工作与生活。把生活与工作平衡的智慧作为教师专业发展追求之一，这是可持续的。

关联点A：事业的美好在校园中呈现

教师在工作中会产生幸福感，是因为教师本身的工作具有幸福的因子，师生之间会发生幸福的轶事。

而发现这些幸福的过程,就是一个美好的旅程。

◆ 纪实卡片 ◆

寻找"最美"

英语教师　周丽

汇师小学开展"寻找最美"的活动,让我们一起看看出现在镜头中的他们……

不久前,汇师小学英语组的教师们以一段英语朗诵开始了对全校教师的展示活动。整齐的着装突出了教师们优雅的外表,盈盈的笑脸体现了他们良好的精神面貌,纯正的发音则彰显了他们良好的专业素养。随后,组长带领我们几位组员从课题构建、文本解析、学情分析、教学重难点、教学手段的选择与运用等方面进行说课。说课中,先进的理念、成熟的构思、大胆的探索不仅展示了教师风采,而且向大家展示着近年来英语组的科研成果。最后的观摩课 Songs of seasons,以诗一般的教学语言引领着学生感受美、创造美,以开放式的教学激发学生参与的积极性。这样的课堂无疑是美丽的。

关联点 B:适应校园生活的节奏

得心应手、游刃有余,教师做到这个份上,才会有好的心态。

点评:要把教师专业发展当作美事来呈现,而不能只当作任务来完成。

177

◆ 纪实卡片 ◆

有条不紊，把握节奏

语文教师　张羿

点评：教师适应校园生活节奏，讲究的是投入、融合与富有弹性。

现代社会的生活节奏、工作节奏日益加快，学校教学工作同样面临着任务重、节奏快的压力，工作的繁忙会使人心情欠佳，有时时间花得很长，效率却不高。自从我制订了"教师个人成长三年规划"后，工作的计划性更强了，目标更明确了，条理也更清晰了，尤其是当年级组长、班主任、语文教学的工作都集中在同一时段，必须做到分清轻重缓急、统筹安排时，我也能得心应手。面对教学事务急需处理时，我会将计划和工作进行适当调整与整合。有效的整合与调整不但减少了工作耗时，而且充分提高了工作效率，使自己的工作"忙而不乱"。在校园生活中，工作的重要动力就是工作中的乐趣。工作有条不紊，才会有好的心态，好的心态才能带来一种愉快的感受，带来一种幸福的感觉。

关联点 C：生活工作两不误的艺术

好的教师，可以将工作与生活"无情"地分开，也可以将工作与生活"有机"地结合起来。这其中的"转换艺术"耐人寻味。

设计

合作

规划

成长

践行

◆ 纪实卡片 ◆

教师眼中的"平衡术"

音乐教师　黎茗

如何做到平衡？作为教研组长,我想应该做到:一、主动适应学校发展的变化,善于调整自身的工作节奏;二、合理安排工作节奏,使组内教师能从容应对;三、平衡家庭与工作的关系,多关爱家人;四、平衡工作与娱乐的关系,多点时尚感,多了解时事;五、平衡工作与锻炼的关系,多运动,保持年轻心态。

我们推崇教师的事业奉献,也倡导教师的生活智慧。一个好的教师,应当完美地平衡工作与生活的关系。教师要将生活与工作平衡的智慧作为教师专业发展的追求之一,既能将工作与生活"无情"地分开,也能将工作与生活"有机"结合起来。

教师专业发展,是一种全面的发展,绝不是简单的业务能力的发展,一定是专业水平和高尚情操融为一体,一定是业务能力与精神生活并驾齐驱。我们提出教师成就事业与心情舒畅相协调,就是倡导教师实现一种可持续发展的平衡。工作与生活的平衡智慧,既是教师专业发展的过程,也是教师专业发展的结果。工作并不妨碍享受生活,享受生活也不以怠慢工作为代价。一个教师只有在这两者之间找到平衡点,才会有持续的工作动力和良好的生活节奏。

教师专业发展,在伴随教书育人的境界和能力提

点评:人生,就是一架"钢琴",生活、工作就是音符键,学会弹人生这架"钢琴",动人的旋律就会弥漫开来。

179

升的同时，也会使教师的工作和生活更加丰富多彩。

（2）承担教学与承接科研的必然要求

教师的首要任务是做好教学工作，完成教学任务，但仅仅做好教学工作对新形势下的教师来说还远远不够，或者说仅仅做好教学工作不能保证今后仍能做一名合格的教师。对新形势下的教师来说，还必须进行与教学工作相结合的科研，要有科研能力。科研能帮助教师总结教学经验，提升专业水平。懂科研、做科研的教师教学理念是清晰的，教学方法是适时的，教学效果是可预见的。要使教师能够挑起教学与科研两副担子，前提必然是教师专业发展有相当的高度与深度。

（3）教师职责与使命担当的必然要求

履行教育教学职责，承担教书育人，培养社会主义事业建设者和接班人，提高民族素质的使命，是对教师的职责和使命的完整描述，这种职责和使命崇高而伟大。教师要忠诚履行职责和使命，仅有良好的愿望是不够的，还必须要有与履职要求相匹配的专业水平与专业素养，这样才能担当这一崇高而伟大的职责与使命。教师专业发展的台阶越高，其履职能力和使命担当的效果会越好。

（4）以人为本与价值体现的必然要求

以人为本，是要从根本上、核心内容上来关心教师，是授人以渔。做好教师专业发展是教师落实以人为本的根本目的，是教师价值的最大体现。

汇师做法：汇师小学为教师专业发展提供了一条校本研修的途径。其研修计划不再只关注学校的要求、大组的任务，而是更多地基于教师的需求，立足教师的发展规划，因此研修活动的内容较以往丰富了很多。除了常规的集体备课、听课、评课之外，理论文章的导读、课题研究的开展、学科本体知识的学习、校本课程方案的设计等都是研修活动非常重要的组成部分。

合作

设计

规划

成长

践行

（二）教师专业发展的设计

汇师小学的教师专业发展是一项系统工程,有校级层面的谋划,有中层层级的贯彻,更有教师全员的参与,由此织成一幅汇师小学教师专业发展"全景图"。

1. 办学理念下的总体构想

为什么要开展教师专业发展工作? 是出于什么目的? 如何开展? 要取得什么样的效果? 这些都是需要想清楚的首要问题。

（1）集中规划,统一部署

教师专业发展是学校战略及其行为,应由学校集中进行规划,统一部署,体现学校意志与理念,形成科学合理、持续发展的规划蓝图和整体架构。

（2）学校各层,明确任务

教师专业发展是学校推行的重要工作,学校各级各层应明确职责和任务,共同参与落实。

> 汇师做法：顶层思路是灵魂,集中规划是抓手,全员执行是关键,三者依次推进,都有自己的准确定位,互不偏废。

◆ 教师实说 ◆

"三年规划",助我们成长

数学教师　徐雄

学校近十年来,通过制订"教师个人发展三年规划",帮助每位教师从教育、教学、科研等六大维度对自身的职业生涯进行规划,逐年检验效果,从而促使每位

181

教师的专业发展得到稳步提升。

在制订"教师个人发展三年规划"前，每位教师包括我自己都需要对自身专业现状进行详细分析，知道自己的长处和不足，确定优先发展目标，有针对性地制订后续的发展措施。例如，我是教研组长，是学校的教学骨干，因此在优势分析中我写道：能带领周围的青年教师积极参与教学实践与校本研修项目，在实践中不断积累教学经验，取得了个人与团队的整体发展。在后续的具体措施中我就要体现这一优势，这既是对自己优势的定位，也关注了后续如何在团队建设中发挥自己的作用。除了自我分析优势与不足之外，还有很重要的一点，就是我们对自己的分析需要加上同伴的评价。在制订三年规划时，这样的双向评价能使我们每一位教师找准自身专业发展的目标。

值得注意的是，不同层次的教师关注点不同，比如说作为教研组长、备课组长，我除了落实个人的发展规划之外，还要关注团队的成长，要把团队内个人的成长与团队的成长结合起来，以达到效益最大化。因此，在我的措施中，我在教学能力、专业知识与教科研能力方面的很多措施不仅适用于个人，而且适用于整个团队，我们数学组最近几年开展的几项校本研修项目，教学资源包的建设，数学试卷编制的针对性与有效性的提高，数学文化与学科教学的融合等，都能够与我的具体措施相对应。在这些活动中，我个人获得了提高，达成了目标，组内的教师也在原有基础上获得了提升。无论是专业发展、教学能力，还是教科研工作方面的提

升，都是我们所有教师需要关注的部分，这样无形中也带动了其他学科教师的发展。

学校每一年都会对规划进行检测，通过检测，我们不断修正和评估自己规划的达成度，哪些完成了，哪些没完成，不断地审视自己的规划，反思、修订、继续研究，在保留有效的内容的基础上，不断加以改进，逐步循环上升。这就印证了一句话，只有不断地追求更好，才能做到最好。

个人发展三年规划就像航海中的指南针，指明了自己专业成长的方向，规划不再与现实脱节，真正做到个人能把握自己成长的轨迹。当然，规划落实的过程必定是要付出努力的，教师成长也必然是在挑战中、挫折中不断实现的。所以，只要坚持，教师专业发展必定就会有收获，成为最好的教师就有可能。

（3）强调整体，落实到人

教师专业发展工作关键是做好顶层设计，整体规划，形成架构，重点是落实到教师个体。

教师专业发展是一个开放的反馈系统，压力自上而下层层传递。汇师小学把教师个体作为串联起学校整体发展格局的一个个节点，从而将教师专业发展工作落到实处。

2. 发展目标上的分步实施

教师专业发展不可能一蹴而就，一步到位，而是要结合学校各个发展阶段的不同要求来分步实施，逐步完善。

（1）看准目标，循序发展

学校发展的每一阶段，都有相应的发展目标和具体要求，教师专业发展应围绕学校各发展阶段的目标要求来规划和进行，离开学校发展目标要求的教师专业发展是盲目的、事倍功半的。教师专业发展是教育教学理念和学校发展目标要求的产物，是立足于现实发展的需要，应该循序推进，不可超越现实。

（2）抓住重点，服务发展

总体规划，分步实施，是教师专业发展的基本思路。在学校发展的每一个阶段，教师专业发展的内容应该有重点，把重点做好，补上对整体水平影响最大的缺项，为学校发展目标的实现服务。

（3）教师队伍，同步发展

教师专业发展的分步实施，得到锻炼的是教师，加强的是教师队伍，实现的是学校发展目标。唯有如此，教师专业发展的结果与初衷才是吻合的，发展才是成功的，可持续的。

汇师做法： 汇师小学结合学校发展阶段的实际，在调研教师专业发展现状和需求的基础上，形成了校本的教师专业发展分阶段要求框架，找到教师专业发展与学校发展阶段目标之间的对接点，从而将教师的个人发展与学校的发展紧密联系在一起。

3. 分析基础上的个性化措施

汇师小学秉持科学细致和具体落实的工作理念，坚持"一把钥匙开一把锁""一张方子治一个人"的工作方法，尊重教师个性，梳理教师想法，自上而下与自下而上相结合，为教师专业发展"量身定制"个性化措施，把教师引入了专业发展的"快车道"。

（1）一人一方，专方专用

一人一方是通过"会诊""把脉"后的"处方"，是区别于其他教师的专业发展规划与措施。汇师小学独到的经验，是将每一位教师的专业发展与学校发展定位、发展目标、学科建设、课程改革、队伍建设、人文关怀有机结合起来，在符合学校和教研室建设发展要求的前提下，充分考虑教师个人的特长特点。在学校教师专业发展的"大树"上，形成许多不同个性专业发展的"分枝""分叉"，既满足教师个体发展的实际需求，也形成了学校期望看到的有不同层次竞相争妍的教师专业发展"良性生态"。

校长的秘籍——注重教师个性发展

教师专业发展，虽是一个整体概念，但落实到每一个具体教师身上，表现出来的情形是不同的。正像对学生要因人而异、因材施教一样，教师专业发展也必须走个性化的培养道路。梯度成长，特长发展，错位发展，对学校师资队伍建设整体而言，是科学和辩证的，而对教师个人来说，又是符合实际需要的。

教师从事的是教书育人的工作，看起来是共性的事，但由于各个学科的侧重点不同，教学内容不一，因此在实施过程中，既需要共同的意志和意识，也需要各有特点的专长和学识。

教师专业发展，既讲究共同发展基础上的普遍提升，也注重个性发展基础上的各有所长。从某种意义上说，专业发展是"共舞台"，个性发展是"开小灶"，两

185

者相辅相成。

◆ 纪实卡片 ◆

菜单式的"三选一"课程

语文教师　黄静怡

学校要开设校本培训课程，但教师们的需求各不相同，怎么办？为了更好地满足教师们个性化的需求，学校在广泛了解教师们需求的基础上，改变了以往通常采用的全员培训的形式，开设了菜单式的"三选一"课程，每一位教师都可以依据自己的需求和兴趣，从书法艺术、信息技能、读书沙龙三门课程中进行自主选择。这样的培训形式，改变了以往为培训而培训的现状，真正关注了教师们的需求，为教师的专业发展保驾护航。

(2) 培养使用，做中提升

汇师小学积极开展有梯次、多形式、重实效的校本研修，打通务虚与务实、个人与教研（备课）组、学科与研究，在使用中培养，在培养中提高，为教师营造了发展所需的良好学习成长氛围。

加强备课组研修活动是汇师小学的"妙方"之一，请看下列教师的感言。

王海婕（青年语文教师）：我蛮喜欢这个学期的备课组活动的。因为这个学期的教研活动关注了我们教师的需求。更重要的是，备课组成员因为都有各自明

确的发展目标,所以在研修活动开展的过程中,成员之间能相互影响,这让自己对专业的思考也变得更加细致。

龚瑾(美术学科备课组长):为了加强备课组教师的专业技能,我们在了解各位教师专业发展需求的基础上,结合组内教师各自的特长,让大家互为教师,围绕速写、水粉、国画纸艺、电脑绘画等五项基本功,在教研组内开展专业技能的自我培训。我们觉得,这样的备课组研修形式,无论是对培训者还是被培训者,都是极大的促进,很好地提升了组内教师的学科本体技能。只有关注教师的需求,发展教师的特长,才能够更好地激发教师参与研修活动的热情,真正做到有效教研。

朱晖(数学备课组长):由于备课组活动的内容安排是根据组内教师三年规划中的一些内容来制订的,因此活动的内容比较丰富也比较实在。我觉得依托三年规划来制订备课组计划,能够较好地促进工作的开展。因为活动的设计来源于教师,所以活动更受大家欢迎,大家的参与积极性高了,活动的效果也更好。校本教研的生命在于它的实效性。在今后的校本教研工作中我们将继续立足学校实际,立足教师实际,不断拓展教研的广度、深度,以追求实效为目标,坚持在实践中探求,在研究中反思,在反思中改进,在发展规划的指引下,让我们的教研之路越走越宽,越走越实。

（三）教师专业发展的贯通

做好教师专业发展这项大工程，必须制订科学合理的规划，用以指导并不断完善学校各层面教师专业发展工作的开展。

1. 顶层到位

顶层到位就是在校级层面上，把学校教师专业发展工作的开展落实想清楚、构建好。

（1）规划到位

工作未始，规划先行。规划教师专业发展，应做到整体上把握，目标上引领，层次上定位，方法上渐进，措施上有力，使之成为教师专业发展的工作指南。

（2）组织到位

工作要有组织来推进，要有人来落实。教师专业发展事关教师全体，人人参与，确定好推进的组织层级及其职责极为重要。组织架构要服从服务于教师专业发展、取得实实在在的效果这一点。

（3）措施到位

措施是开展工作的办法。教师专业发展是一项系统工程，一定要在把握规律的基础上，认真研究，提出切实可行的解决办法，将规划上的目标一一实现。

（4）督查到位

督促检查是确保工作本意不走样的重要手段。有了督查环节，就能发现教师专业发展工作进程中好的

汇师做法：汇师小学始终把顶层要做的事，需做好的事作为重中之重来抓，出台了规划，推出了方案，成立了相关工作机构，为推行教师专业发展作了有力的铺垫。

设计

合作

规划

成长

践行

做法和不足之处,便于巩固提高和及时改进。

2. 下沉到底

教研(年级)组是学校主要的教学科室,也是直接面对教师的管理科室,更是开展教师专业发展工作的主抓力量。所有的教师专业发展工作要求与内容都要通过教研(年级)组的贯彻落实来实现。

(1)实施主体

教研(年级)组是教师专业发展规划制订的主体,是落实规划的责任主体。创造性地开展工作,是实现教师专业发展目标的有效手段。

(2)重在落实

落实规划比制订规划更重要,其中方法与流程起重要作用。有些事情没有取得预期效果,问题还是出在落实的环节上。一定要重视落实环节,真抓实干,不图虚,只要实。

(3)梯次带教

充分利用教研组、年级组、备课组的人才优势,发挥组内老教师、骨干教师的作用,在具体实施中进行新老教师的梯次帮助与带教。

(4)检查反馈

这是教研(年级)组的重要职责。检查反馈是规划效果和个性化专业发展不可缺少的环节,同时也是容易功亏一篑的环节,检查是督促教师认真对待专业发展,反馈是使教师知道在专业发展中成功的或存在问题的地方,便于保持或整改。

汇师做法: 教研(年级)组既不是机械照搬学校的规划要求, 也不是随意认可教师个人的想法需求, 而是主动扮演"导演"的角色, 既忠于"剧本"(规划要求), 又兼顾"演员"(教师)的特点, 尽力唱好落实到教师"终端"规划的"一台戏"。 因此, 汇师小学教师专业发展规划, 在满足学校规划要求的框架下, 呈现出个体千差万别, 群体优势互补的特点。

3. 具体到人

教师专业发展最终要落实到教师个人,因此教师个人专业发展规划的制订应突出针对性、务实性和可操作性。

(1) 明确目标

专业导向下的分层引领目标一定要非常明确,根据每一位教师的不同情况与特点区别对待,使目标符合教师个体的具体发展要求。

(2) 制订计划

在教研组(年级组)的帮助下制订个人规划,个人计划既要置于学校与教研组的规划的大环境下,又要兼顾教师的个性特点、培养方向等具体情况,使计划内容契合集体与个人的共同目标。

(3) 细化措施

规划的内容应细化,目标明确,措施得当,措施方便落实执行,便于检查,并融入日常的教学工作中,做到落实计划措施与做好教学工作两不误。

(4) 自主为主

规划制订与实施要求教师在教研(年级)组及他人的帮助下,发挥个人的主观能动性,以自主要求为主,通过亲身实践切实提升专业水平。

（四）教师专业发展的阶段

教师从入职到逐渐发展成熟,其间通常要经历几个阶段,这些阶段的间隔时间有的教师长一些,有的教

汇师做法：汇师强调教师个人专业发展规划要有鲜明的汇师特色，同时也强调应具有独特的个体印记，唯有如此，教师专业发展规划才是脚踏实地"见血见肉"，才能使教师自己得到扎实和可持续的发展提高。

设计

合作

规划

成长

践行

师短一些,但是一般不太可能有跳跃或跨越式的发展。每一阶段,都为教师准备了向更高阶段发展的潜力,积蓄了向上前进的能量。

1. 教学型教师阶段

这是教师专业发展的最初阶段,是见习教师期结束(也有把见习教师期包括在内的)后开始的一段从教经历,有以下三个特点。

(1)以完成教学任务为主要目标

教研组怎么安排教师就怎么去做,很"忠实"于教学大纲和备课内容,教学上很少有创见性的成分,经常想的是如何才能把一堂课上好。

(2)尚未养成主动思考的习惯

由于是新手,还不太熟悉教学业务情况,一切都还在学习、摸索、模仿中,谨慎地按照现成的、既定的流程、方法进行教学,很少对教学中的现象或问题进行主动、深层的思考,还没有养成教学研究习惯,即使偶尔参与,也是被动参与。

(3)重视职业身份,忽视专业素养

这一阶段的教师往往比较看重自己的教师身份(职业身份),比较看重在学校里的行政隶属关系及教研组内的工作关系,对自己的要求基本上是工作中不能有差错,教学上不能有闪失。而在专业上进一步提升的愿望不够强烈,认为自己在学校学到的以及当见习教师学到的知识和能力在当前工作中还够用一阵子。

以上三个特点是处在教学型阶段教师的共同现象，是不可避免的，也是无法回避的。但是我们不能对此听之任之，任其发展。教研组的责任是帮助该阶段的教师尽可能缩短这一阶段的时间。教师自己要尽早走出单一的职业身份认知和简单完成教学任务的模式，尽早进入下一个发展阶段。

2. 骨干型教师阶段

当教师告别教学型教师阶段进入骨干型教师阶段时，便向成熟型教师迈出了重要一步。

（1）看重教师专业发展

这一阶段的教师已不满足于例行的教学工作，对偏重职业认知有了一定程度的转变。在教研组的帮助下，在老教师的带教下，在自己积累了一定的教学经验后，这一阶段的教师开始规划自己的专业发展，寻找专业发展的方向了。此时，他们认识到专业是职业生涯的生命，自己目前仅有的专业水平是远不能在教学岗位上长期胜任的，寻求专业发展才是硬道理。

（2）努力晋升教师职称

教师职称是用来衡量其教学水平、工作资历的一种称号，既有荣誉性质，更具职务担当。教师专业发展程度一般可与其获得的职称相联系、相对应。因此这一阶段的教师会努力争取晋升相应的教师职称，来证明自己专业发展的水平。

（3）用专业眼光审视教学

这时期的教师已基本上摆脱了单纯完成教学任务

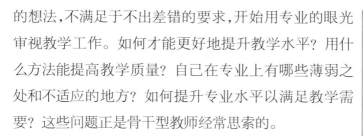

的想法,不满足于不出差错的要求,开始用专业的眼光审视教学工作。如何才能更好地提升教学水平?用什么方法能提高教学质量?自己在专业上有哪些薄弱之处和不适应的地方?如何提升专业水平以满足教学需要?这些问题正是骨干型教师经常思索的。

（4）积极参与教研科研

参与教研和科研是骨干型教师阶段教师具有的专业行为,是专业发展必备的一种素质与能力。这一阶段的教师一般还不能独立承担重大课题,基本上以参与为主,主要做一些与课题研究相关的外围工作,如对调研数据的统计与初步分析。少数该阶段的教师已在尝试结合自己的教学实践进行科研或教研了。教研、科研对教师专业水平的提升具有很大帮助。

3. 名师（专家）型教师阶段

名师（专家）型教师阶段是比较高端的教师发展阶段,在学校处于塔尖的位置,是学校形象和教育教学水平的名片。

（1）职业生涯、专业素养较完美

名师（专家）型教师一般已经"功成名就",职业生涯完美,专业素养高深,学术水平领先,代表学校或学科水平。

（2）承担匹配的教研科研工作

学校重大课题、科研项目,一般由名师（专家）坐镇挂帅。课题研究、科研项目有名师（专家）把关,等于有了一张立项报批和结题的"通行证",是一种无声的信誉、无形的资产。

（3）引领学科及教师专业发展

名师（专家）具有扎实的专业功底、丰厚的学科素养、开阔的国内外教育教学视野，其当仁不让的重要任务就是引领学校学科及教师专业的发展，带领一批初露头角、发展势头旺盛的骨干教师不断进步，给予他们指点，帮助他们找到成长路径。学校各学科及其课程的校本教改、方向出路需要名师（专家）的引领。

（4）成为学科实力、学校声誉的名片

名师（专家）是学校的宝贵财富，是学校多年培育、个人不懈努力的结果，其丰硕的研究成果和丰富的教改经历是学科实力的象征，其在学界享有的学术成就、个人声望是学校声誉的名片。

4. 大师（思想）型教师阶段

大师（思想）型教师阶段是教师专业发展的至高阶段，这一阶段的教师是教育界同仁仰视的标杆，公认的领军人物。

（1）成为某一领域公认的专业权威

大师（思想）型教师已不是普通意义上的一般教师，他（她）是教师，更是思想者；是站在学界顶端进行战略思考的教育家，更是某一领域公认的专业权威。大师（思想）型教师是同时代教育领域的一座高山，是学界的一面旗帜。

（2）指引区域学校学科和教师发展

大师（思想）型教师具有巨大的影响力和号召力，

他们不拘泥于方法的独特、细节的完美、技巧的娴熟等具体问题,而是思考学科的发展前景、课程的设置原则、教改的深层问题、转型的原生动力等事关教育教学全局的发展性问题,思考教师队伍培养建设及教师专业发展的方向性问题,在每一个转折时刻和重要关头,大师(思想)型教师总能从战略层面给予独创性的、高屋建瓴的意见建议,提供不可替代的咨询决策。

(3)主持区域及以上教研科研项目

大师(思想)型教师本身具有很高的学术修养和丰富的教育经验,本地区重大教育课题的首席主持一般非他们莫属,有的甚至主持国家级的课题项目,这就是大师(思想)型教师的力道,可谓独领风骚。大师(思想)型教师主持通过的课题,往往会成为一个地区,甚至一个省市,乃至国家层面的政策法规、发展纲领。

汇师小学为教师专业发展准备了校本发展的规划,创设了平台,进行个性化培养,使不同需求层次的教师在各自的发展阶段得到充分锻炼与成长,有序地进行阶段转换,摸索出了一条校本专业发展的道路。

◆ **教师实说** ◆

寻找适合自己发展的定位

语文教师　张一

在学校引领我们制订三年规划后,我明确了自己的定位,将突破方向放在班主任工作方面,在班主任工作上不断探索新方法。

我曾经听一位艺术专家说，艺术教育发展的方向，是寻找教育的平衡，因为教育不平衡就会出现许多问题。这话说得很有道理。我觉得教育平衡的理念也可以用在我的班主任工作中。营造一个平衡稳定而又和谐发展的班集体是我的责任。其实，我与学生的关系就像一个天平，我要让这个天平保持平衡，对学生的管理要张弛有度，既不施压也不放任，不能让这个天平翘起来。我想，一位好的班主任如果在教育当中，在班级管理当中，平衡好师生关系，学生快乐了，教师快乐了，教育也就成功了一半。为此，我一直努力着。

教室是平衡好教师和学生学习和生活的主要场所，这里的环境温馨了，师生学习生活的情绪也饱满了。多年的工作，让我深深感受到一个和谐的优秀班集体的形成，绝不是班主任一个人的事，它需要师生共同打造，打造温馨的教室环境，打造温馨的教育氛围。在共建的过程中，班主任要让学生成为集体的主人，自己成为集体的一员，绝不能高高在上，更不能一切由班主任说了算。要真正调动起学生参与班级管理工作的积极性。师生共同打造的温馨教室，不仅可以唤起学生共同建设班集体的愿望，而且可以让学生有归属感，有成长的动力。

我觉得在我的工作中，师生关系的最佳境界就是教师成为学生的"良师益友"，这个亦师亦友的尺度把握好了，师生的关系也就和谐了。现在班上的孩子们与我建立了深厚的友谊，学生与我处在平等的位置上，我们有了共同的话语，这种和谐的师生关系，令我非常欣喜。班集体也成了我和学生共同成长的摇篮。学生们进步了,班主任工作有成效了,我对自己的定位和成长目标越来越清晰,对"做最好的自己"也更有信心了。

(五) 教师专业发展的途径

教师专业发展不能闭门造车,一定要在开放的环境中锻炼成长,在给予的通道中到达中继站。教师专业发展的途径以学校规划的以及提供的为主,有条件的话教师可选择其中的一项。教师专业发展的途径应是多方位的、多通道的,从不同的渠道获得发展的综合养料。

1. 纳入学校培训进修规划

学校对教师专业发展应有远、中、近的整体规划,对每一位教师的现状作出准确的评估,对其发展目标作出明确的安排,对教师专业发展进行阶段式的、滚动式的提升。学校为教师提供的培养机会要有针对性。

(1) 出国学习

出国学习的目的是学习进修国在某一学科教学方面先进的理念与方法,用来指导学校该学科的建设。由于出国学习的机会比较少,由此被安排出国学习的教师一般是学校里已经在教育教学方面取得了一定成就的骨干教师,或者是学校重点培养的对象。

197

（2）培训进修

这种方式是带职培训进修的主要方式。培训进修的内容与教师进一步提升专业水平有密切关系。市区教师进修学院等培训进修机构以比较系统的课程对教师进行培训，使教师在经过一段时间的教育教学培训，取得一定的实践经验之后得到比较有针对性的提高，同时学习来自其他学校教师的特长与经验。经过市区相关机构的培训，教师在教育教学理念、方法、技能上得到系统的提升，因此培训进修是教师专业发展不可缺少的培训途径。

（3）校内受训

这是一种校本研训，在学校或教研（年级）组的安排下，教师参加校内的课题、交流、比赛、公开课、观摩课等活动，提升专业水平与能力。这是机会最多并且富有效果的学习培训形式，与教师自发的学习培训有本质的区别。它一般由老教师或骨干教师指导带教，有目标有检查有考核，被培训者边学边做边提升。教师专业发展的途径大多数是参加校内研训，结合实际学习提高。教师要重视学校内部的培训与学习，不要以为对周围环境熟悉了，就有不过如此的感觉，要重视它、珍惜它。

2. 名师带教

这里说的名师，是对带教教师的泛称，不一定是首屈一指的名师。在教师的成长过程中，或多或少有过名师带教的经历，至少见习期的教师，就有指定的"师

设计

合作

规划

成长

践行

傅"。在见习期之后的各个工作阶段,也有正式或非正式的教师带教、帮助的形式。这种"师傅带徒弟"的方式,能帮助教师较快地进入工作角色,是教师专业发展的重要方式。

(1) 确定发展方向

名师带教,都有带教的目标方向,如见习期的带教、上一个台阶(层次)的带教、某一项技能获得的带教,等等。带教一般都是事先规划好的,是在落实计划框架内的发展任务,也是学校有组织的安排。汇师小学的教师专业发展经常采取这种形式,利用学校内部的教师资源优势,一级带教一级,一个带教一个或多个,像滚雪球一样产生连带效应,带动一批,成长一批。

(2) 确定指导重点

带教主要以有重点的指导为主,即对带教对象进行分析,找出其薄弱项、不足点的关键之处,对这个关键之处进行重点说教、示范、演练,起到"四两拨千斤"的作用。关键是要找准薄弱项、不足点的要害部位,这样带教时才能准确定位,教师才能学到真本事。

(3) 以项目为载体

名师带教除了言传身教外,最好能有合适的项目为载体,通过做项目来提升被带教者的专业水平。有项目就有实践,名师就能从旁观察指点,做到言之有物、教之有方,教师有切身的感受,对专业水平提升有很大帮助。

3. 集体互助

其实，在教师职业生涯和专业发展中，更常见的学习形式还是同事之间的交流与切磋，这种时刻会发生，随时能进行，无须刻意安排的集体互助形式，对很多教师的专业成长都产生过莫大的影响。关键是要培养教师经常与同事交流切磋的意识，克服认为身边的教师与自己差不多没有什么值得学习的想法。

（1）以教研组学习为基本形式

集体互助发生在同一教研组内比较合适，大家有共同的学科教学语言，都碰到过相似的问题，容易产生共鸣。

（2）共性问题互相探讨

教师一般对共性问题比较感兴趣，或者对彼此都经历过的事情感兴趣。有兴趣就有交流切磋的愿望，要学习就有交流切磋的动力。

（3）个性问题能者为师

在互相帮助的过程中，大家地位平等，目的纯洁，经验老到、教有所长的教师，是其他教师学习和模仿的对象；某方面有特长的教师，也会是其他教师学习和模仿的对象。能者为师，是教师之间交流切磋的普遍现象。

4. 自主提高

虽说教师专业发展主要由学校规划与统一安排，但是教师个人的努力是取得实效的重要因素。学校规划安排并不排斥个人自主提高，把这两方面结合起来，

设计

合作

规划

成长

践行

能更好地促进教师专业发展。

（1）自主转化内心需求

教师要对专业发展的重要性、必要性有正确的认识，在满足学校发展的同时，也提升自己的专业水平。教师要把学校的要求转化为自己内心的需求，转化为自身日常工作的一部分，将之变成自己主动要做的事情，这样才能促进自己的专业发展。

（2）循序渐进夯实基础

教师专业发展是一个漫长的不断修炼的过程，不能急躁。对寻求自主提高的教师来说，更应该制订一个长期发展的目标计划，确定每一个阶段的发展重点，一步一个脚印地去落实。应该分步走就不能并步走，只有循序渐进，才能扎实发展。

（3）胸有目标立志进取

自主提高贵在坚持，能坚持下来收获成果的，必定是有目标有志向者产生了自主行为。自主行为不是自然而然产生的，要有来自学校的外部压力和要求，要有促使人人向上的良好氛围，这样教师才会产生不甘落后的愿望。

◆ **教师实说** ◆

规划前，自我诊断很重要

语文教师　茹民

认识我的人都知道，"快"是我身上一个很鲜明的特征。我说话的语速快，走路的速度快，做事的速度也

201

挺快。不经意间，我也把自己这个特点传染给了我的学生。有一段时间，我在教室里说得最多的一个字就是"快"！快点订正，快点做作业，快点去背诵……学生总是在我的催促声中，完成着各种各样的任务。那个时候，不少学生在学校里就能完成当天的家庭作业，而我也常常能做到当天的作业当天批改，错题让学生当天订正完毕。那一段时间，我以此为荣，同事们也常称赞我工作效率高。因此，我一直觉得，快是对的。快才能出效率，出成绩。

可渐渐地我发现，现在大家谈教育，被赞美的不是快，而是慢。思想要慢一点，行为也要慢一点。有一段时间，我对自己产生了怀疑，怀疑自己是不是在盲目奔跑，甚至觉得自己的特点也许根本就是一个缺点。我也曾很刻意地放慢节奏，像周围很多老师那样优雅地、笃定地做事情。可是江山易改，本性难移。没多久，我就又变得风风火火了。我苦恼过，也思考过。思考后的结论是，我认同"慢教育"，但这并不意味着我就要"谈快色变"。"快"是我的特点，效率高不是一件坏事呀！与其在这里苦恼、怀疑，不如好好想想怎样把我的特点发展成我的优点。新形势下的教师发展，难道不需要快吗？知识的更新要快吧，理念的转变要快吧，思维的转换也要快吧。因此，只要把握好了什么地方应该慢，什么地方可以快，做好自己，我就是最棒的。借着学校制订"教师个人发展三年规划"的契机，我认真分析自己的现状，仔细研读学校下发的学校教师专业发展指标框架，了解学校对每个阶段教师的基本要求，

并依据自己的特点,细致地规划自己的未来。学习、培训、科研、教学……目标虽然多,但在指标框架的引导下,在目标规划的导向下,我在高速运转中,用自己的高效率实现着专业素养的迅速提升。

　　每一个教师都是一个鲜活的个体。了解自己,欣赏自己,然后学会扬长避短,你就会是一个好教师,就能行走在专业发展的快车道上。

（六）教师专业发展的过程

　　教师专业发展是一个由不成熟到逐渐成熟并日臻完善的过程,每个过程有其相应的特点,要利用好这些特点,为实现专业发展的目标服务。

1. 入职跟学阶段

　　从学校毕业,到工作的学校入职报到,成为一名光荣的人民教师,一个教师的职业生涯便开始了,专业发展也伴随而生,直至生涯结束。入职阶段的跟学是准备阶段,对养成专业意识、专业习惯非常重要。

　　（1）起步要早

　　教师入职意味着其职业生涯的开始,此时教师的身份还是见习教师,处于见习阶段。尽管学校对刚入职的教师在专业发展上的要求不太严格,但是客观上教师的专业生涯已经开始了,教师的学习内容都是与教育教学有关的内容,这就是专业的一部分。培养专业意识,是入职教师要学习的重要一课;起步要早,是

入职教师进入教师角色的重要一步。

（2）起始要准

起步要早，不是盲目无目标地瞎走。起始时的定位要准，包括专业发展方向、重点发展目标，最好请教研组的教师们给自己号脉诊断，先定个大致的发展方向，再根据日后的实际情况作进一步的调整充实。这样，既不失目标方向，又做到留有调整余地。起始的"准"很重要，宁慢勿急，等弄"准"了再行动，可以少走弯路。

（3）起点要实

"实"，即不空不虚不假。入职的教师在开始规划专业发展时一定要符合实际情况，即对自身的发展要求、学校的发展要求，以及身处的环境进行细致的评估，得出务实的结论，认准方向，扎扎实实，一步一个脚印地走好自己的专业发展之路。

◆ **教师实说** ◆

小事铺就，细节支撑

——做最好的教师

语文教师　魏珑

我是一名职初期的教师。记得刚工作时，看到汇师小学这么多好教师，我也总想着要做一名好教师。是争取上公开课？还是搞教育科研？或者比赛得奖？我有些迷茫。而现在，刚入职时的迷茫已经一扫而空，在学校促进教师专业发展的目标引领下，在身边教师的榜样作用下,我重新认识自己,明确自己的前进方向,制订出自己的第一个"教师个人发展三年规划"。我渐渐明白,过好每一天,抓住每一个微小的细节,不忽视任何一件发生在身边的小事,对我这个新教师来说是至关重要的,也是一名新教师争做最好的教师的基点。

记得我刚担任班主任时,接连几天早上走进教室,发现学生们的作业本总是交得横七竖八的。一开始,我觉得这是件小事,叫几个班干部负责整理一下就完事了,但事情并不像我想的那么简单。又过了几天,一旦班干部不整理,学生们的作业本就又乱成一团。我进一步想,如果一直这样发展下去,不就成了一个习惯问题吗?自己的三年规划里,在"育人"这一维度上,有对班级管理能力的要求。我想,不能忽略这件小事,抓好了它也就意味着我在班级管理方面的能力有所提高。

于是,我决定好好跟我的学生们聊聊关于"交作业"这件小事。这一天,面对满桌的作业,我边同他们诚恳谈心,边把作业本发还给他们,并鼓励他们重新交一次作业。就这样,在长长的交作业的队伍中,我看到小心翼翼放作业本的学生,看到放歪后马上把作业本扶正的学生,看到交完作业把整堆作业本理整齐的学生……好习惯的养成并非一蹴而就,这之后的三周时间里,我每天早上都会早早走进教室,帮助他们养成好好交作业本的好习惯,没做到的我温馨提示,主动帮忙整理的我点赞鼓励。就这样,学生们都慢慢养成了良好的习惯。

事情虽小，但日积月累的影响不小。现在，我每天都能看到放得整整齐齐的作业本。从这样的细节入手，我在日常管理工作中，也努力做到抓小事不松懈，例如，学生出操、午间用餐、卫生员小岗位、公共场合的行为，等等，都在我的关注之下。

已经工作三个年头的我是幸福的，因为我被赏识、被指导、被关爱。我想，来到汇师小学，从踏上讲台的第一天起，我就已经踏上了努力成为最好的教师之路！

2. 自醒自主阶段

经过了见习教师阶段，教师的专业发展便进入了自醒自主阶段。此时的教师在工作中边学习、边实践、边提高，琢磨所遇到的问题，思考提升空间，努力走出"高原"困境，这之后专业发展会有较大进展。这一阶段是教师专业发展的摸索前行阶段，学校要予以关心和帮助，给予正确的指点，指引教师走好这一步。

（1）广泛学习

处于这一阶段的教师一定要广泛地向学校内外的优秀教师学习，博采众家之长，在广泛学习中提升自己。对尚未成熟的教师来说，学习是最重要的进步方法，而且学习内容一定要广泛，有了感觉和心得后，再逐渐收窄学习范围，向专和精要质量。

（2）定向培训

定向培训就是参加由学校安排的根据教育教学需要组织的专业培训，既可以参加市区两级教师进修学

院的培训,也可以参加其他培训机构的培训。培训目的是比较系统地学习从教所需的相关教育理论、专业知识与技能,学习在其他方式下无法学到的专业理论与实务方面的知识,是专业发展旅途中的一次重要充电和加油。根据需要,教师参加定向培训的次数不定。

(3)培养素养

专业素养是专业理论、知识、技能、方法等方面的综合体,是全面反映教师专业水平的标准。这一阶段的教师应努力学习,培养自己多方面的知识与技能,避免片面地发展某一方面的知识与技能,尽量做到专业上的全面发展,从零碎走向系统,从重技术走向重素养,为实现高素养的专业发展打下基础。

◆ **教师实说** ◆

在赏识孩子中提升自我

语文教师　俞惠

我是一名语文教师,曾经在"学校少年宫"中开设过两门课程。今年,我又挑战了自己,新开设了一个"小小编辑组",力求创建我们汇师小学第一份由学生组稿的校报。校报起点比较高,由此我想物色一批比较好的学生。但网络报名后我发现,成为我们校报第一批小编辑的18名学生都是普普通通的学生,他们既没有班干部的光环,又不是写作能手。这样的小编辑队伍对我来说是一种挑战。我犹豫过要不要把校报办下去。宓校长看到我面露难色,就以赏识的眼光,用成功的例子启迪我，每一个人都是有潜能的，哪怕是一个普普通通的学生。一个好的教师就应该是一个开瓶人，打开瓶子，让这些普通学生的潜能从瓶中溢出来。细细一想，我发现这18名学生来自不同的年级，不同的班级，他们不一样的观察视角，独特的校园生活经历其实是潜能。于是，在带领小编辑们办报的过程中，我因势利导，鼓励他们以自己的视角写身边的教师、同学，建议他们观察校园，提出让校园更文明、更美好的举措，引领他们在创办校报的路上前行。当第一期《汇学报》出来后，宓校长特地来我们"编辑部"首发，她对着小编辑们连连称赞，又给予了他们殷切的期望。令人意想不到的是，宓校长还在学生中间对我这个普普通通的教师给予了充分的肯定。那一刻，我发现学生们的脸上露出了最灿烂的微笑，最骄傲的神情；那一刻，我的心里也是无限感慨。校长的赏识大大激发了我和小编辑们无限的热忱，激励着我们去点亮更多的智慧，在以后的办报路上更加努力。短短几个月，我们办的《汇学报》渐渐得到了更多教师、学生以及家长的关注和赞赏，办报的质量达到甚至超过我的预期。办报成功了，我非常开心，但更令我高兴的是这些普普通通的学生的变化，他们成为小编辑后不仅在拓展课堂上越来越自信，而且在平时学习生活中也越来越阳光。

这件事让我对"今天怎样做最好的教师"有了深深的思考，最好的教师就是要真心赏识普普通通的学生，帮助他们挖掘潜力，树立信心，助推更多普通的学生走

向成功。我也愿意不断努力,成为学生们心中最好的教师。

3. 自觉自由阶段

自觉自由阶段的教师,已经是走向成熟的教师了,在学校能够单独挑起教学、科研的担子,在学校、教研组或年级组内是教学业务骨干和科研教研骨干,是引领学科发展的带头人,在教学科研上发挥着重要作用。

(1)具备学科教学领域的必备知识与技术

这个阶段的教师在专业上已经具备本学科教学领域的必备知识与技术,在教学中对知识的运用得心应手,对学科核心内容及其发展前景了然于心,学科教学娴熟通达,把握到位,有较好的教学效果,是同事的仰慕对象、学生的崇拜对象。

(2)具有学科教学领域的专业素养与学养

这个阶段的教师,其专业素养日趋完善,具有掌握、运用、引导该学科教学的较高的专业素养,在教研组(年级组)乃至学校中是教育教学方面的灵魂与支柱,是走在前面的排头兵。

(3)具有较高的学科教研、科研水平

这个阶段的教师在学科教研、科研上是主力,是领衔人物,其深厚的学养和专业的功底是学校、教研组、年级组承担并完成课题研究的信誉保障,由学养、素养带来的独到见解、创新观点、科学预测是课题研究质量的保证。

(4)具有引领、培养年轻教师专业发展的能力

教师发展到这个阶段,无论在年资上、职称上,还

是在学识上、教学上,在教研组、年级组乃至学校都是"大腕级"人物,在教学业务、专业发展方面都已经比较成熟了,不仅自己在学科发展、科研教研方面要起领跑作用,而且要把自己的"秘籍"传授给年轻教师,使学校办学理念、教学传统与特色薪火相传,使年轻教师得到提携、成长。这是这个阶段的教师的重要工作与贡献,是校本教研与校本发展的人才支撑。

◆ **教师实说** ◆

尊重规律,用心引导

语文教师　施萍

我工作至今已 20 多年了,按理算是一名经验丰富的老教师了。可近年来,我发现我的一些老方法对那些活泼好动的男生不太管用了。困惑之际,我的个人发展三年规划提醒了我。规划中"育人"维度这块指出:在了解学生,干预学生行为方面,要依据学生群体和个体的发展特征,综合使用教育策略,促进学生健康成长。我问自己:我了解现在的学生吗?我能用更好的方法去引导他们吗?通过学习反思,我很快找到了原因。原来我看惯了班里乖巧懂事、学习勤奋的女生,渐渐对男生的活泼好动、缺乏自律的行为少了耐心。心一急躁,教育效果自然就低了。多年的教育实践告诉我,要真正走进男生的心里,需要深入地读懂他们,需要改变陈旧的观念,需要采取符合他们身心发展规律的教育方法。

设计

合作

规划

成长

践行

　　大多数男生天生好动，那是精力旺盛、充满活力的表现，身体运动和参与体验是他们学习的主要方式。他们更容易接受图像和运动物体的刺激，而不易接受单调的语言刺激。因此，如果我们在讲课时说得太多，那么与拥有较强耐性的女生相比，男生更有可能感到厌烦、分心或坐立不安。了解了这些，我就不会把男生的好动视为缺点和不足，而是想办法改变自己的教育策略。

　　比如，不下雨的话，我每天都会和学生们一起到操场散散步，聊聊天，或做个游戏。回到教室，为了能让男生们尽快静下心来，我会放一段舒缓的音乐，和他们练上十分钟的字。事实证明，这种无声胜有声的方法能帮助男生们变得更加专注。

　　跟家长交流时，尤其是男生们的家长，我通常会真诚地邀请他们的父母一同前来，之所以要将学生的父亲也请来，是因为父亲是男生教育的第一资源，我们要善于发挥父亲的作用，让我们的教育形成合力。我发现这种家校联合策略在培养男生们的勇敢、宽容、做事负责等品质方面有着很大的作用。

　　再如，学校倡导每人随身带块小手帕，洗完手后擦一擦，既培养讲卫生的习惯，又能节约大量的纸张。这是个非常好的环保建议。可是总有一些男生会忘带，就算他们带了也想不起来用它擦手。这是习惯的问题。我就在午会课上和他们一起掏出手帕进行擦手的情景练习，学生发现，原来用手帕擦手是一件既有趣又优雅的事，几次训练后，他们开始接受并愿意去做了。

211

可见，参与体验式的学习方式比听一百遍大道理有效得多。

所以，我认为，一名成功的教师一定是一位理解学生、尊重规律、用心引导学生的智者。我愿意成为这样的教师。

设计

合作

规划

成长

践行

四、关于收获的喜悦

——教师专业发展的成效

（一）今日汇师教师集体群像

汇师小学创办于 1870 年，是一所有着 148 年历史的百年老校。"汇师"，顾名思义：一汇天下英才，二汇学校课程。两者构成学校的课程哲学。"一汇"，即将立志献身教育事业的教师，特别是有志青年汇聚在一起，为实现学校教书育人的目的而努力工作；"二汇"，可理解为"综合"，汇师小学的课程要能建立学科之间的联系，体现学科整合性；要能丰富多样，为学生创造自由选择的机会；要能蕴含教学方法和学习方法的多元性，为提高学生的综合能力奠定基础。

在学校发展历程中，汇师小学经历了多次办学体制改革：私立—公办—转制—公办。一转眼，转成公办又十年了。十年来，我们边总结办学成绩与经验，边分析面临的问题与挑战，寻找新的发展契机，确立新的办学目标。两轮学校发展规划的制订，为汇师人绘就了共同愿景。规划带领大家凝心聚力，一次又一次向着新的目标起航。三轮教师个人发展规划的制订与实施，以专业支持的方式促进教师专业发展，让教师智慧成长，做最好的自己，做最好的教师。十年来，每一位汇师人牢记学校八字校训，牢记自己肩负的责任和使命，始终坚持办好老百姓家门口的学校，尽自己最大的努力教育好汇师的每一位学生。

目前，学校有 49 个教学班，学生 1 796 名，在编教职员工 109 名(一线教师 103 名，职员和工人 6 名)，其中男教师 14 名，女教师 89 名，35 岁以下的教师 36 名；中共党员 53 名，共青团员 8 名；研究生学历教师 4 名，本科学历教师 89 名，大专学历教师 4 名。

作为一所百年老校，深厚的历史底蕴固然是学校蓬勃发展的基础，但在深化教育改革的今天，教师队伍的建设更是重中之重。

九年前,学校对当时在编在岗的 89 名教师的专业发展情况进行了调研。数据报告指出,当时教师年龄分布合理,师资队伍的梯队建设良好。经验型教师占了当时学校教师总数的绝大部分,这一部分教师在学校的各项工作中起着示范引领的作用。同时报告也指出,当时教龄在 15 年以上的教师已经占了学校教师总数的三分之一,因此,未来如何更好地培养年轻教师,使他们迅速成长与成熟,以接好老教师留下的接力棒,应该是学校需要大力关注的一个重要问题。

于是,学校静下心来,开展整整三轮近十年的研究和实践。在近十年的时间里,学校边研究边推进,教师们边实践边调整,终于摸索出了一整套比较完善的运行机制。在这套机制的运作下,教师们明确目标,潜心教研,在业务素养和专业能力上都取得了长足的进步。整个学校的教师队伍呈现充满生机和活力的良好状态。

中老年教师: 活力依旧

十年前的经验型教师,如今步入职业生涯的后半段。是安于现状,等待退休,还是积极进取,继续发光发热? 我们很高兴地看到,这些当年的中流砥柱,现在依旧活跃。他们有的成为部门负责人,在更广阔的领域施展自己的才华;有的成立工作室,将自己多年积累的经验倾囊相授;有的成了优秀的培训导师,在区域层面介绍自己的成功经验;有的成了优秀教研组的领军人,引领全组教师积极开拓,不断进步;有的已经成了教材审定组的专家,参与上海市教材改革的研究和实践。

申报课程,开设讲座,传授经验,这些教师虽然已经年过四旬,但是参与教学实践、引领教学改革,他们绝不会屈于人后。他们活力依旧,并不因为十年岁月的流逝而消退半分,他们依然是学校的中流砥柱。

有一种成长，在"汇师"

上海市徐汇区汇师小学教师专业发展实践新探

【教师风采】

陈鹰，全国优秀英语教师获得者，也是上海市第一位以访问学者身份出访加拿大的小学教师。十年的时间，她从一个优秀的英语教师成长为一个优秀的区域学科带头人。现在的她是学校所有英语教师最信赖的人，也是教师们参与教学评比、进行公开展示时最大的依靠。

张莉珉，学校的艺术总指导，连续七届见习教师规范化培训的导师，也连续七届获得"优秀导师"的称号。2017年，她受邀在区学术节发言，将自己的带教经验与所有的带教导师分享。

殷洪骏，班主任工作经验丰富。十年前，她将提升自己的育德能力作为目标规划的重要突破口。十年后，她在学区化办学中成立了自己的名师工作室，手把手地教导学区内年轻的班主任教师。

徐雄，连续三届区优秀教研组领军人，局学科带头人。他设计的学科网站为教师们开展教研开辟了新天地，他提出的"发挥团体合力优势，促进个体专业成长"有效提升了组内教师的学科素养。在他的带领下，组内青年教师成长迅速，成绩显著。

青年教师：冲劲十足

十年前，他们初出茅庐，还是初登讲台的新手。十年来，在规划的引领下，他们一步一个脚印，成长的步伐迈得坚实、喜人。现在的他们已经是学校乃至区域学科教学的核心力量，在各自的岗位上兢兢业业，取得了骄人的成绩。他们有的是上海市乃至全国比赛奖项的获得者；有的年纪轻轻，已经成为学科大组长，工作干得有声有色；有的成为区域名师工作室的成员，在导师的引领下，向更高的目标迈进；有的成了项目负责人，学会了用科研的思维开展工作。

这些教师目标明确，冲劲十足。他们扎根教学，勇于挑战，参加教学评比，进行教学展示，组织开展教研，教学第一线最活跃的就是他们的身影。

【教师风采】

金颖,名师工作室成员,上海市学科教学评比特等奖获得者。十年前,她是接受指导的学员,现在,她成了指导别人的师傅。解读课程标准,把握学段目标,公开示范教学,她用自己的专业赢得大家的肯定。

严琴,曾经是学校最年轻的备课组长,现在是学校最年轻的教研组长。上海市学科教学评比的获奖者。十年成长路,从备课组长到教研组长,再到局学科骨干教师、名师工作室成员……在规划的指引下,朝着既定的目标,她不断努力,不断成长。

曹卉悦,上海市级立项课题主持人,乐于研究。从电子白板到 iPad 进课堂,他总是实践在教学改革的第一线。上实践课,开展教学研究,他通过自己的努力抱回了"部级优质课"和"市级信息化教学能手"的荣誉称号。

徐芸,上海市少先队名师工作室成员,部级"一师一优课"的优胜者。先后数次带领团队在市区乃至全国的舞蹈、朗诵比赛中获奖,成为区学生艺术团的领头人,还开发了德育校本课程。在她的努力下,学校的少先队工作蓬勃开展。

职初期教师: 崭露头角

十年前,他们走进大学的校门,为成为合格的教师做准备。五年前,他们走进汇师小学的校门,开始规划自己的职业生涯。五年来,他们以自己制订的成长规划为导向,引领自己脚踏实地,不断进步,并逐渐在各个领域崭露头角。他们有的善于思考,撰写的论文或得奖,或发表;有的长于课堂,已经在区域层面公开展示教学;有的特长突出,带领的团队屡获佳绩。他们是学生最喜欢的教师,也是学校未来的希望。

【教师风采】

顾蓉婷,工作 5 年。曾经在一个学期中承担公开课、接待课、比赛课十余节。在课堂教学的磨砺中,她一路成长,教龄不长的她还成功通过选拔,成为"中英教师交流项目"的一员,赴英国开展为期三周的教学活动,是学校新生代教师的代表之一。

闻伟隆,工作5年。个头小小的她却有着大大的能量,不仅担任毕业班的班主任工作,而且是学校语言文字工作的负责人。她的课堂教学有感染力,是徐汇区青年干部培训班的学员,撰写的教学论文在市级比赛中获奖,是一颗冉冉升起的希望之星。

沈淳、胡君瑜,工作4年。同一个大学毕业,任教同一门学科,同样取得出色的成绩。一个是师范生全国技能大赛(音乐类)全能冠军,一个是钢琴、手风琴双十级获得者。她们发挥自己的特长,打造的学校艺术团队不仅在各级各类比赛中频频获奖,而且走进了上海交响乐团,和来自全国甚至海外的团体合作,取得了可喜的成绩。

见习教师: 茁壮成长

他们初出茅庐,但已潜力尽显。从成为见习教师的第一天起,他们就得到了最好的指导。学校为他们量身定制培养计划,不仅指派有经验的教师做导师,手把手地带教,而且努力创造条件,送他们出去参加各级各类培训。细致的规划加上自身的努力,他们茁壮成长,进步显著。培训被评优,论文发表,比赛获奖……因为对自己的发展有明确的目标和规划,所以他们虽然初登讲台,但已经荣誉加身。

【教师风采】

她们,是上海市见习教师基本功大赛的获奖者。教案设计、模拟课堂教学、教育案例分析、教育智慧呈现、"三笔字"展示、即兴演讲……她们一路过关斩将,表现出的勇气和能力让人刮目相看。

她们,拥有研究生学历,是上海市语文学科研究生班的学员。跟随上海

218

市小学语文界的专家和大咖,解读课标,分析教材,观摩教学,开展实践,她们在入职之初就实现了"高端学习"。她们的未来,值得期待。

她们,在参加见习教师规范化培训期间,对照"规范化培训"项目的要求,虚心学习,努力实践。无论是教学基本功的锤炼,还是家校沟通方式的习得,她们都表现得一丝不苟。她们都是见习教师规范化培训的优秀学员。

这些教师是学校众多优秀教师的缩影,在她们的背后,还有更多有理想、有追求,又愿意为教育事业努力的教师。一代代的汇师人用自己对教师这份职业的信念和执着书写着专业成长之路。

这十年,有年长的教师退休离开,有年轻的教师补充进来;有教育教学改革的不断深入,有各种新理念、新观点的不断冲击;有取得成功时的兴高采烈,也有遇到挫折后的互相鼓励。校舍翻新了,班级数增加了,整个社会对教育的要求提高了,但无论教育的大环境发生了怎样的改变,学校对师资队伍培养的重视始终不变。也正是这份一如既往的重视,使得学校的师资队伍水平能够始终稳定在一个较高的水准上。

据不完全统计,自从开展了规划导向下的教师专业成长项目,教师们完成区级以上的公开课 328 节,在《上海教育科研》《新课程》《现代教学》等市级、区级刊物发表论文(案例)119 篇。100 余名教师在市级、区级的各类比赛中获奖。

目前,学校有中学高级教师 12 名,小学高级教师 60 名。教师群体中先后涌现出上海市"双名工程"培养对象 2 名,区教育系统校长高级研修班学员 1 名,区学科带头人 1 名,局学科带头人 4 名,局中青年骨干教师 7 名,区"三奖"获得者 20 余名。此外,还有 2 名教师在全国教学评比中获奖,一名教师荣获"全国优秀园丁"称号。

（二）规划导向下的教师专业成长部分科研成果

将实践中的经验总结起来，将教师们的智慧分享出来，我们用书来记录自己的研究历程。从信息技术到课程统整，从教学五环节到重点课程建设，这十年，学校出版的书籍内容丰富，案例翔实，让大家看到了学校面对教育变革时所表现出的勇气和决心。

表 4 - 1　近十年来教师图书编著情况

序号	编著者	图 书 名 称	出 版 社	出版时间	参编情况
1	宓莹	教师专业化与教育信息化的探索	上海教育出版社	2009 年 12 月	主　编
2	宓莹	有一种教学，叫"明白"——上海市徐汇区汇师小学"教学五环节"实践手册	上海教育出版社	2010 年 4 月	主　编
3	张莉珉	京韵润童心	上海教育出版社	2018 年 5 月	主　编

学校一直坚信科研能兴校，课题出人才。所以，学校拓宽课题申报的渠道，引领教师参与课题研究。教师们本着"教学即研究，问题即课题"的想法，积极投入其中。确定选题，申报，开题，实践，总结，在参与课题研究的过程中，教师们的科研意识不断增强，教育教学的专业能力不断提升。下面是近七年来学校教师获得市、区级立项的 17 个项目。

表 4 - 2　近七年来教师课题立项情况

序号	课 题 名 称	负责人	课题级别	立 项 时 间
1	小学低年级信息科技学科项目教学设计与实践的研究	郭　文	区级	2011 年 4 月
2	以参与式专业发展规划活动，引领教师突破成长瓶颈的实践研究	宓　莹	市级	2012 年 9 月

续　表

序号	课　题　名　称	负责人	课 题 级 别	立 项 时 间
3	"京歌"课程的开发与实施	张莉珉	区级	2013 年 10 月
4	拓展型课程"快乐"平台开发与应用的研究	宓　莹	区重点	2013 年 11 月
5	汇师小学四年级学生交往能力现状研究	刘　佳	区级	2014 年 4 月
6	开发非文本资源,提高二年级学生写话能力的实践研究	严　琴	区级	2014 年 5 月
7	电子白板在小学数学几何教学中的应用	孙建英	区级	2014 年 9 月
8	"项目式学习"在小学英语教学中的探索和实践	陈　鹰	区级	2014 年 12 月
9	以绘本阅读为载体进行美术创意活动的研究	许新婷	区级	2015 年 9 月
10	基于课程标准环境下优化小学生心理品质的策略研究	宓　莹	区德育重点课题	2016 年 2 月
11	二年级入队课程的开发与实践	徐　芸	区级	2016 年 5 月
12	小学生特设岗位责任制的实践研究	郭红伟	市级	2016 年 9 月
13	运用平板电脑辅助小学高年级英语教学的实践研究	曹卉悦	市级	2016 年 12 月
14	小学表达性艺术辅导课程的建构与实施	刘汝敏	区级	2017 年 10 月
15	教学评一致的生态课堂建设的实践研究	宓　莹	市级	2017 年 10 月
16	小学英语中高年级阅读教学评价策略研究	陈奇刚	区级	2017 年 11 月
17	七彩自然——基于标准 LECE 评价模式的实践性研究	叶　洲	市级	2018 年 1 月

　　"一个教师写一辈子教案，不一定成为名师，但如果一个教师能写三年反思，就有可能成为名师。"学校鼓励教师们将自己的所思、所想记录下来，于是，教师们写反思、写案例、写论文，一篇篇来自教学第一线的案例、论文应运而生。下面是近八年来部分教师的论文发表情况。

表 4 - 3　近八年来部分教师论文发表情况

序号	作　者	论　文　名　称	期刊/图书名称	发表期数/出版时间
1	郭　文	在小学信息科技课中开展过程性评价	现代教学	2010 年第 1—2 期
2	张　一	《神奇的小屋》拓展作文案例	中小学信息技术教育杂志	2010 年第 5 期
3	陆丽秋	网络课堂巧整合　快乐习作我创新	中小学信息技术教育	2010 年第 7—8 期
4	吴怡斐	新颖直观的视频作文教学	上海教育情报	2011 年第 1 期
5	张　圆	"从算筹到计算器"教学实录与反思	小学数学教师	2011 年第 4 期
6	王　琴	Jack and the beanstalk 教学案例	小学英语课堂教学设计	2010 年 12 月
7	姚文琴	悠悠上海情——石库门的变迁	优秀教学应用成果集锦	2011 年 5 月
8	施　辉	育人三步走，让学生重返"人生的跑道"	思想理论教育	2013 年第 2 期
9	谢　辉	引领学生走进快乐学习的殿堂	中国当代教育实践与研究指导全书	2013 年 10 月
10	陈奇刚	Moving homes 教学设计	虹口教育	2013 年第 12 期
11	李　洁	"任务驱动"在小学体育教学中的实践研究	徐汇教育	2014 年第 6 期
12	陶　艳	激励措施在语文教学中的运用	上海教育科研	2014 年第 9 期

续　表

序号	作　者	论　文　名　称	期刊/图书名称	发表期数/出版时间
13	金　颖	《掌声》教学设计与反思	小学语文	2014 年第 10 期
14	张莉珉	改变习惯意识　激发歌唱兴趣	现代教学	2015 年第 4 期
15	凌　卿	尝试多轮分组,促进自主体验	有效小组合作的 22 个案例	2015 年 12 月
16	孙建英	"融入性评价"一案例	小学中高年段数学学科基于课程标准评价指南	2016 年 10 月
17	郭红伟	扬友善之帆,圆"星星之梦"	为孩子的核心价值观奠基	2016 年 5 月
18	徐　芸	队前教育校本化的实践研究——红领巾与中国梦相约	家庭教育指导	2016 年第 11 期
19	严　琴	挖掘　感受　认同	文·道——语文学科彰显中华优秀传统文化课堂教学实践研究	2017 年 3 月
20	刘　佳	让心灵的花蕾肆意绽放	心理辅导	2017 年第 4 期
21	陈　鹰	依托模块的项目学习设计策略与实践	上海教育科研	2017 年第 11 期
22	刘汝敏	如何让身边的课程"活起来"	上海教育科研	2018 年第 4 期
23	叶　洲	学生适应未来社会的关键——迁移能力	新课程研究	2018 年第 5 期

　　教师与课堂的关系,就如同鱼和水的关系。课堂是教师专业成长的主阵地,所以教师们在制订个人发展规划时,最关注教学能力,渴望有展示平台的诉求也最多。基于教师的需求,学校积极搭建平台,为他们提供交流展示的机会。接待课、观摩课、展示课、研究课、评比课……教师们在课堂教学

中提高了教学能力,实现了专业发展。下面是近八年来部分教师的课堂实践记录。

表 4-4　部分教师执教市、区及以上级别公开课、评比课情况

序号	执教者	课 程 名 称	执教时间	展示级别	情 况 备 注
1	时　慧	彭德怀和他的大黑骡子	2010 年 5 月	省级	浙江省温州瑞安市教育局小学语文教学研讨会
2	吴怡斐	家乡的桥	2010 年 11 月	市级	"双名工程"专项课题汇报暨区语文学科基地展示活动
3	陆晓玲	加倍与一半	2010 年 12 月	区级	研究课
4	周　琦	水的三态变化	2011 年 11 月	市级	一等奖
5	陶　艳	我给奶奶送阳光	2012 年 11 月	区级	研究课
6	王　旻	面积	2012 年 12 月	区级	研究课
7	吴三洁	认识食品	2013 年 1 月	区级	展示课
8	陈　鹰	Shapes	2013 年 3 月	市级	名师基地小学英语组专场示范课
9	林佳妮	身边的信息	2013 年 4 月	区级	研究课
10	张　一	狮子、猴子和房子	2013 年 5 月	区级	展示课
11	张计圆	长方体和正方体的表面积	2013 年 6 月	区级	"新苗杯"教学评比二等奖
12	周　丽	Songs of seasons	2013 年 10 月	市级	一等奖
13	张莉珉	可爱的家	2013 年 12 月	区级	展示课
14	刘汝敏	土山湾	2013 年 12 月	市级	二等奖
15	金　颖	植物妈妈有办法	2014 年 4 月	市级	特等奖
16	施　萍	清平乐·村居	2014 年 5 月	市级	优秀奖
17	陈皎如	武昌起义	2014 年 6 月	区级	"新苗杯"教学评比一等奖
18	叶　洲	水的压力	2015 年 1 月	市级	展示课
19	李　洁	五步拳	2015 年 6 月	区级	展示课
20	孙建英	垂直与平行	2015 年 6 月	区级	展示课

续　表

序号	执教者	课 程 名 称	执教时间	展示级别	情 况 备 注
21	刘　敏	会拐弯的毛毛虫	2015 年 11 月	市级	展示课
22	陆利军	水仙花的雕刻对生长的影响	2015 年 12 月	区级	研究课
23	王　琴	Changes in Shanghai	2016 年 4 月	市级	展示课
24	刘　佳	思维大挑战	2016 年 11 月	市级	二等奖
25	陆　寅	前滚翻——刺猬索尼克	2017 年 3 月	区级	研究课
26	许新婷	原色和间色	2017 年 4 月	部级	"一师一优课"部级优课
27	朱　羿	小壁虎借尾巴	2017 年 5 月	市级	研究课
28	王　霏	百数表	2017 年 5 月	区级	展示课
29	徐　芸	在欢乐的节日里	2017 年 6 月	部级	"一师一优课"部级优课
30	顾荣婷	放苹果	2017 年 6 月	区级	"一师一优课"部级优课
31	陈奇刚	Maple	2017 年 10 月	市级	上海市中小学中青年教师教学评比一等奖
32	孙　静	三角形的分类(2)	2017 年 11 月	区级	研究课
33	严琴	四季	2017 年 11 月	市级	二等奖
34	李文菁	编码	2017 年 12 月	区级	研究课
35	张　圆	表面积变化	2018 年 4 月	区级	公开课
36	王　霏	东南西北	2018 年 5 月	区级	公开课
37	孙卓婷	长方形、正方形的周长	2018 年 5 月	区级	公开课

十年磨一剑。过去的十年，汇师小学的教师们在规划的指引下突破瓶颈，不断成长。愿教师们继续强基础、重发展、有特长，在未来的十年里，有更大的发展，更喜人的成长！

图书在版编目（CIP）数据

有一种成长，在"汇师"：上海市徐汇区汇师小学
教师专业发展实践新探/宓莹主编. —上海：上海教
育出版社，2018.5
ISBN 978-7-5444-8435-0

Ⅰ.①有… Ⅱ.①宓… Ⅲ.①小学教师-师资培养-
研究-徐汇区 Ⅳ.①G625.1

中国版本图书馆 CIP 数据核字（2018）第 093884 号

责任编辑 廖承琳 徐凤娇
封面设计 郑 艺

有一种成长，在"汇师"
——上海市徐汇区汇师小学教师专业发展实践新探
主 编 宓 莹
副主编 刘汝敏 余爱椿 郭红伟

出版发行 上海教育出版社有限公司
官　　网 www.seph.com.cn
地　　址 上海永福路 123 号
邮　　编 200031
印　　刷 昆山市亭林印刷有限责任公司
开　　本 700×1000 1/16 印张 15 插页 1
字　　数 200 千字
版　　次 2018 年 5 月第 1 版
印　　次 2018 年 5 月第 1 次印刷
书　　号 ISBN 978-7-5444-8435-0/G.6981
定　　价 39.80 元

如发现质量问题，读者可向本社调换　　电话:021-64377165